Müller/Guigas · Total Quality Banking

Herbert Müller / Susanne Guigas

Total Quality Banking

Von der Idee zum dauerhaften Erfolg

GABLER

Die Deutsche Bibliothek – CIP-Einheitsaufnahme

Müller, Herbert:
Total-quality-Banking : von der Idee zum dauerhaften Erfolg /Herbert Müller ; Susanne Guigas. – Wiesbaden : Gabler, 1994
ISBN 978-3-322-82586-5
NE: Guigas, Susanne

Der Gabler Verlag ist ein Unternehmen der Bertelsmann Fachinformation.

Lektorat: Silke Strauß
Softcover reprint of the hardcover 1st edition 1994

Satz: Satzstudio RESchulz, Dreieich-Buchschlag

ISBN-13: 978-3-322-82586-5 e-ISBN: 978-3-322-82585-8
DOI: 10.1007/978-3-322-82585-8

Vorwort

Bekanntlich lautet das Grundgesetz der Marktwirtschaft: Über den Erfolg einer Unternehmung entscheidet der Abnehmer. Denn allein der Kunde bestimmt, ob und wieviel er von den angebotenen Leistungen einer Unternehmung abnimmt und welchen Preis er bereit ist, dafür zu zahlen. Dabei läßt sich der Abnehmer bei seinen Überlegungen und Entscheidungen nicht nur von seinem Verstand, sondern auch von seinen Gefühlen leiten. Ziel einer erfolgreichen Unternehmenspolitik muß es deshalb sein, das gesamte Leistungsangebot konsequent an den Kundenbedürfnissen auszurichten.

In der Kreditwirtschaft mit ihren homogenen, stark erklärungsbedürftigen und leicht imitierbaren Angeboten ist die Qualität der Bank- und Sparkassenleistungen von entscheidender Bedeutung, um Wettbewerbsvorteile erzielen zu können. Ob ein Kunde mit der Qualität einer Bankleistung zufrieden ist, hängt nicht nur von den Zinsen, Gebühren oder den Laufzeiten („hard facts"), sondern immer stärker vom erlebten Service ab. Kundenzufriedenheit ist deshalb ein unverzichtbarer Qualitätsanspruch von strategischer Bedeutung für alle Kreditinstitute.

Was unter Qualität einer Bank- oder Sparkassenleistung zu verstehen ist, bestimmt der Kunde und nicht das Kreditinstitut. Untersuchungen belegen, daß schlechte Servicequalität der häufigste Grund für einen Institutwechsel ist. Zur Qualität einer Bank- oder Sparkassenleistung gehören aus Kundensicht – um nur einige Beispiele zu nennen –: günstige Öffnungszeiten, kurze Wartezeiten, freundliche Mitarbeiter, hohe Diskretion, reibungslose und schnelle Abwicklung, persönliche Betreuung sowie schnelle telefonische Erreichbarkeit.

Qualitäts-Management ist in Mode gekommen. Aber es muß davor gewarnt werden, hier kurzfristige Erfolge zu erwarten. Qualitätsverbesserungen zahlen sich oft erst mittel- bis längerfristig aus. Systematische Qualitätssteigerungen werden nur realisiert werden können, wenn möglichst viele Mitarbeiter fähig und bereit sind, streng kundenorieniert zu arbeiten. Dies gilt sowohl für den Markt- wie für den Stabs- und Betriebsbereich. Denn die Mitarbeiter mit ihrem Wissen, Wollen und Können stellen die eigentliche Qualitätsquelle in einer Bank oder Sparkasse dar. Die Mitarbeiter sind das „Nadelöhr" für die Qualitätsvorgaben seitens der Vorstände und Führungskräfte. Erst das Fachwissen und das Serviceverhalten der Mitarbeiter machen ein Bank- und Sparkassenprodukt zu einer vom Kunden akzeptierten oder abgelehnten Dienstleistung. Die für den Erfolg eines Kreditinstituts entscheidende Qualität einer Bank- oder Sparkassenleistung wird demnach von den Mitarbeitern für den Kunden geschaffen.

Eine Schlüsselrolle bei der Umsetzung der Qualitätsverbesserungen kommt den Führungskräften einer Bank oder Sparkasse zu. Sie sind dafür verantwortlich, daß der Qualitätsgedanke von den Mitarbeitern verstanden, akzeptiert und realisiert wird. Den Mitarbeitern ist dabei zu verdeutlichen, daß von der Qualität ihrer Beratungs- und Serviceleistungen langfristig die Sicherheit ihrer Arbeitsplätze abhängt.

Es ist ein Irrglaube, daß Qualitätsverbesserungen mit höheren Kosten verbunden sein müssen. Die Praxis zeigt, daß bessere Qualität zu mehr Kundenzufriedenheit und damit zu höherer Bank- oder Sparkassenloyalität führt, die interessante Chancen der Rentabilitätsverbesserung eröffnet. Zufriedene Kunden sind nämlich für Zusatzgeschäfte aufgeschlossener und preisunempfindlicher. Einen Neukunden zu gewinnen ist sehr viel aufwendiger, als die Betreuung und Pflege eines zufriedenen Stammkunden.

Das vorliegende Buch führt in leicht verständlicher Weise in die Gesamtthematik des Qualitäts-Management in der Kreditwirtschaft ein, ohne auf die anschauliche Beschreibung konkreter Beispiele für Qualitätsverbesserungen in der Kreditwirtschaft zu verzichten.

Dieses Buch ist in allen Mitarbeitern in Banken und Sparkassen - nicht nur den Führungskräften – als Pflichtlektüre zu empfehlen. Auch für den Leser mit wenig Zeit lohnt sich dieses Buch, denn die komprimierten Zusammenfassungen am Ende eines jeden Abschnittes geben die Kerngedanken zur Qualitätsverbesserung in prägnanter Weise wieder.

In punkto Qualität kann noch viel in der Kreditwirtschaft getan werden. Nichts ist so gut, daß es nicht noch besser gemacht werden kann. Qualität Banking ist Aufgabe und Verpflichtung für alle Mitarbeiter in der Kreditwirschaft – letzlich in ihrem eigenen Interesse.

Bonn, im August 1995

H.-M. Heitmüller
Geschäftsführendes Vorstandsmitglied
des Deutschen Sparkassen-
und Giroverbandes

Spurensuche

„Ich habe einen ganz einfachen Geschmack: Ich bin immer mit dem Besten zufrieden."
Oscar Wilde

Warum haben wir dieses Buch geschrieben?

Ganz einfach.

Wir sind infiziert mit dem Qualitätsvirus. Qualität ist etwas Begeisterndes. Wen sie gepackt hat, den läßt sie nicht mehr los. Unser anfängliches Interesse hat sich zur chronischen Begeisterung entwickelt, die mit diesem Buch anstecken und unwiderstehlich wirken soll.

Was ist so faszinierend, so mitreißend, so aufrüttelnd am Qualitätsgedanken? Oder handelt es sich am Ende nur um Aufgewärmtes?

Tatsächlich haben sich die Banken und Sparkassen Qualität nicht erst auf ihre Fahnen geschrieben, seit die Wissenschaft das „Total Quality Management" zum Lieblingssujet erkoren hat. Das Spektrum der Aktivitäten zur Qualitätsverbesserung reicht von Wertanalysen, Null-Fehler- und Produktivitätssteigerungsprogrammen über Verkaufsschulungen, Führungs- und Unternehmensgrundsätze bis hin zum Betrieblichen Vorschlagswesen. Nicht immer war dabei explizit von Qualität die Rede, doch gemeint war letzlich nicht anderes.

Warum dann also dieses Aufhebens?

Weil sich auch in der Kreditwirtschaft immer mehr die Erkenntnis durchsetzt, daß ein vielfältiges, aber unkoordiniertes Nebeneinander von Qualitätsmaßnahmen nicht mehr ausreicht. Zu komplex sind die bankinternen Abläufe und Strukturen, zu kritisch und anspruchsvoll die Kunden, um noch mit Teilansätzen im zunehmend härteren Wettbewerb bestehen zu können. Einem Wettbewerb, der längst nicht mehr in erster Linie auf der Ebene von Produktangebot und Preisen ausgetragen wird. „Gekämpft" werden muß neuerdings und zukünftig mit anderen Bandagen – eben mit Qualität. Sie verkörpert die Zauberformel, auf die alles Denken und Tun kompromißlos auszurichten ist.

Insofern wird eine strategische Neuorientierung erforderlich, bei der der Qualitätsansatz nicht nur teilweise und sporadisch verfolgt wird, sondern den Stellenwert eines langfristig überdauernden Leitbildes hat.

Unabdingbar für den Erfolg des Qualitätsmanagements ist damit eine ganzheitliche, alles integrierende Sichtweise. Mit einem zeitweiligen Mitschwimmen auf der „Modewelle Qualität" wird nichts zu bewirken sein. Im Gegenteil. Ein Rückfall hinter das Ausgangsniveau wäre zu befürchten.

Langfristig positive Effekte sind nur zu erwarten, wenn es gelingt, Qualität dauerhaft in die Köpfe und Herzen der Mitarbeiter einzupflanzen. Sämtliche Mitarbeiter müssen eingebunden, alle Bereiche erfaßt werden. Entweder alle oder keiner, entweder konsequent oder gar nicht. Qualität darf kein Strohfeuer bleiben, sie muß zum Flächenbrand werden.

Qualität entpuppt sich immer mehr als der vielversprechendste Weg, Kunden dauerhaft zu binden und im Wettbewerb die entscheidende Nasenlänge voraus zu sein. Diese grundsätzliche Einschätzung ist mittlerweile nahezu ein Credo in der gesamten Kreditwirtschaft geworden. Doch wie sieht es mit der Umsetzung aus? Was ist überhaupt unter dem Begriff „Qualität", speziell im Bankenbereich, zu verstehen? Wer kann auf diese Qualität Einfluß nehmen? Welche Wirkungen sind zu erwarten?

Diese und viele Fragen haben uns intensiv beschäftigt und beschäftigen uns weiter. Immer wieder tauchen neue Aspekte und überraschende Zusammenhänge auf. Immer wieder haben wir allerdings auch vergeblich nach konkreten Anregungen und Konzepten für die betriebliche Praxis gesucht. Qualität bei Kreditinstituten ist wohl in vieler Banker Munde, im Hinblick auf die Umsetzung aber ein weißer Fleck in der Managementliteratur. Daraus entstand die Idee für dieses Buch.

An dieser Stelle geht unser besonderer Dank für die Hilfe bei der Umsetzung dieses Buches an Frau Beate Kern.

Auf Kurs

Unser Anliegen ist es, das Bewußtsein für Qualität zu schärfen, und zwar auf allen betrieblichen Ebenen und in allen Funktionsbereichen. Dazu ist ein Gesamtansatz nötig, der zum einen Strategie für die Bank oder Sparkasse und zum anderen Vision für die Mitarbeiter ist.

Wichtig erscheint es uns auch, neben strategischen Höhenflügen auf dem Boden der harten Tatsachen zu bleiben und aufzuzeigen, wo in der Tagesarbeit Ansätze für Qualitätsverbesserungen zu finden sind. Gerade die unzähligen täglichen Kleinigkeiten sind es, die in den Augen der Kunden das Qualitätsbild einer Bank und damit letztlich deren Erfolg bestimmen.

Denkanstöße, Anregungen und praktische Hilfen werden nicht nur diejenigen finden, die im Vorstand oder in sonstiger verantwortlicher Position die strategischen Weichen auf „Qualität" stellen wollen und dafür Überzeugungsarbeit zu leisten haben.

Dieses Buch ist für alle Entscheidungsträger in Kreditinstituten, für Stabsabteilungen, für Organisatoren, Revisoren, Firmenkundenbetreuer, Anlage- und Vermögensberater, Kreditfachleute, Zahlungsverkehrsspezialisten, kurz für alle, denen die Zukunft ihrer Bank oder Sparkasse und ihre eigene am Herzen liegt.

„Kein Lesen ist der Mühe wert, wenn es nicht unterhält".

William Somerset Maugham

Zum Buch

Die Konzeption des Buches folgt der Rhetorikregel der alten Römer, wonach sich die gute Mischung aus drei Teilen zusammenfügt: docere (Wissen vermitteln), movere (motivieren) und delectare (erfreuen). In diesem Sinne werden Sachverhalte und Handlungsanleitungen unterhaltsam aufgelockert.

Mit Fragen führen wir in die einzelnen Themenbereiche ein. Sie sollen den Leser auf die zentralen Aspekte hin sensibilisieren und ihn gleichzeitig anregen, eigene strategische und operative Qualitätsprobleme zu erkennen. Das Identifizieren eines Problems ist bekanntlich schon die halbe Lösung.

Die Textbeiträge werden durch Aphorismen und Zitate ergänzt. Wie vielfältig die Ansatzpunkte für mehr Qualität im täglichen Leben sind, zeigen Beispiele aus der Praxis. Checklisten und Handlungsempfehlungen machen die allgemeinen Qualitätsüberlegungen konkret nutzbar.

Wer einen schnellen Überblick sucht, begnügt sich zunächst mit „Kurz gefaßt" am Ende jedes Kapitels. Die wichtigen Kerngedanken sind hier komprimiert dargestellt. Je nach Interesse können die einzelnen Abschnitte auch in unterschiedlicher Reihenfolge angegangen werden.

Wenn Sie nur einen Gedanken umsetzen, hat sich die Anschaffung dieses Buches gelohnt – für Ihre Bank oder Sparkasse, für Ihre Kunden und für Sie persönlich.

Lassen auch Sie sich von der Qualitätsbegeisterung anstecken.

„Nichts auf der Welt ist so mächtig wie eine Idee,
deren Zeit gekommen ist."

Victor Hugo

Im Sommer 1994

Dr. Herbert Müller
Susanne Guigas

Inhaltsverzeichnis

Kapitel 1

Der Herausforderung begegnen

„Alles ist in Bewegung.“

Heraklit

1.1 Wettbewerbssituation und neue Herausforderungen

➡ Vor welchen Herausforderungen sehen Sie das deutsche Kreditgewerbe?

➡ Wie stark ist Ihre Bank oder Sparkasse von diesen Entwicklungen betroffen?

➡ Welche gravierenden Wettbewerbsverschiebungen sind zu erwarten (international, national, regional)

Zum Ende dieses Jahrtausends stehen die deutschen Banken und Sparkassen vor enormen Herausforderungen. Kassandrarufe tönen durch die Welt des Kreditgewerbes. Vielfach wird eine apokalyptische Untergangsstimmung heraufbeschworen.

Reduziert man die Aussagen um modische oder marktschreierische Übertreibungen, bleibt immer noch ein Kern, der das Bankmanagement aufrütteln muß. Die Welt des Geldes befindet sich – nicht zum erstenmal, aber neuerdings sehr viel umfassender und stärker – in Aufruhr. Für Banken ist die Welt in Bewegung geraten. Immer schneller und turbulenter vollzieht sich der Wandel.

Marktverhältnisse ändern sich, Bevölkerungsstrukturen brechen auf, Wertvorstellungen wandeln sich, die Internationalisierung und Globalisierung der Finanzmärkte nimmt unaufhaltsam zu, rechtliche Ordnungsrahmen werden immer komplexer, die Schärfe der Ertrags- und Kostenschere wird schmerzlicher spürbar, eine weitere technologische Revolution zeichnet sich ab.

Viele dieser Bewegungen erfolgen zunächst schleichend. Gefährliche Trends werden durch andere Entwicklungen verschleiert und plötzlich auch verschärft.

Bis wir feststellen, daß uns die Kunden den Rücken kehren, vergeht Zeit. Bis wir begreifen warum, ist weitere Zeit verstrichen – und bis wir Gegenmaßnahmen initiieren und diese wirken, kann es zu spät sein.

„Oft ist die Zukunft schon da,
ehe wir ihr gewachsen sind."

John Steinbeck

Das Bankgeschäft ist gefährlicher geworden, aber auch interessanter, aufregender und herausfordernder. Wie sehen diese Herausforderungen aus? Aus welcher Wettbewerbssituation sind sie entstanden?

Der Markt für Bankdienstleistungen ist heute nahezu verteilt. Zusätzliche Marktanteile sind fast nur noch über Umverteilungen zu erzielen. Dabei verwischen die traditionellen Strukturen in der Bankenlandschaft immer mehr.

Die Sparkassen, von ihrem Ursprung her eher Banken des „kleinen Mannes" verstehen sich heute als Universalkreditinstitute mit starken Aktivitäten auch im Segment der gehobenen Privatkunden und der Firmenkunden. Längst sind es auch nicht mehr ausschließlich Mittelstandsbetriebe, sondern ebenso industrielle Großkunden, die zum Kreis der Sparkassenkunden gehören. Demgegenüber kümmern sich die Großbanken zunehmend um eine breitere Schicht mittlerer Privatkunden, wohl wissend, daß hier eine Generation von Erben nachwächst, die über immense Vermögen verfügt.

Konkurrenz erwächst dem Kreditgewerbe aber nicht nur aus den eigenen Reihen. Sogenannte Non- und Nearbanks dringen immer mehr in die klassischen Geschäftsfelder der Banken ein. Konsumentenkredite, häufig offensiv angeboten, gehören schon zum selbstverständlichen Repertoire von Versandhandelsunternehmen, Kaufhäusern und Autohäusern. Der diskrete Hinweis auf Kaufhausschildern, Beträge bis 2000 DM seien ohne Unterschrift des Ehemannes sofort erhältlich, läßt manches Geschäft zustandekommen, das ansonsten der Rubrik der aufgeschobenen oder gar für unerfüllbar gehaltenen Konsumwünsche zuzuordnen wäre.

Viel Bewegung in den Markt der Finanzdienstleistungen haben auch die Kreditkartenorganisationen gebracht. Dem Kreditkartengeschäft wird mittlerweile eine Schlüsselfunktion für die zukünftige Zahlungsverkehrsabwicklung und damit auch für den Erhalt bzw. die Gewinnung von Hauptbankverbindungen eingeräumt. Nicht von ungefähr kommen daher die Bemühungen vieler Banken, den Kreditkartenabsatz trotz ec-Karten und POS stark zu forcieren. Immer mehr Kunden schätzen die internationale Akzeptanz und die Zusatzleistungen der Kreditkarten, z. B. in Form von Versicherungen, Buchungsdiensten etc.

Auch andere Finanzdienstleister wie Kapitalanlagegesellschaften, Bausparkassen, Leasinggesellschaften, Broker-Firmen, freie Finanz- und Vermögensberater, allen voran aber die Versicherungsunternehmen versuchen, noch stärker am Bankenmarkt zu partizipieren. Dies hat die Entwicklung von Allfinanzstrategien begünstigt, die die komplette Versorgung des Kunden rund um seine finanziellen Bedürfnisse zum Ziel haben. Über Kooperationen mit banknahen Spezialanbietern oder über Konzernlösungen verfolgen heute nahezu sämtliche Banken und Bankengruppen in Deutschland den Allfinanzgedanken. Auf den gleichen Grundüberlegungen basiert das Verbundpartnerprinzip, das sowohl in der Sparkassenorganisation als auch im Genossenschaftssektor bereits langjährige Tradition hat.

Der angestrebte „Full service" führt dazu, daß sich die Angebotspaletten der Kreditinstitute kaum noch unterscheiden. Produkte und Dienstleistungen sind zunehmend austauschbar. Eine Profilierung allein über deren Grundnutzen ist kaum mehr möglich. 6% Zinsen für eine 10-jährige Geldanlage stellen eine klar kalkulierbare Rechengröße dar, egal ob sich das entsprechende Produkt Sparkassenbrief, Extra-Sparen, Zertifikat, Obligation oder Schuldverschreibung nennt. Viel entscheidender ist da schon, ob das Angebot den Bedürfnissen des Kunden entspricht, und er sich insgesamt gut beraten und aufgehoben fühlt. Erst dadurch bekommt der Gesamtkomplex Produkt plus Service seinen unverwechselbaren Charakter.

Zum homogenen Leistungsangebot der Banken kommt ein völlig verändertes Verbraucherverhalten hinzu. Ein radikaler Wertewandel in der Bevölkerung liegt hier zugrunde. „Selbstbewußtsein statt Obrigkeitsglauben", „Flexibilität statt Verbundenheit", „Hedonismus statt Entsagung" sind nur einige Schlaglichter hierzu. Der Bildungsboom, ausgelöst in den 60er Jahren, hat kritische, preisbewußte und qualitätssensibel agierende Kunden hervorgebracht, die hohe Ansprüche an ihre Bankverbindung stellen.

Der Umgang mit der Bank ist nichts Fremdes mehr. Fachkompetenz und ein umfassendes Produktangebot werden heute als Selbstverständlichkeit angesehen.

Gefragt sind exzellenter Service, Innovationsfreude im Hinblick auf neue Technologien und neue Vertriebswege sowie Aufgeschlossenheit und Engagement in Umweltfragen. Auch in frauenspezifischen Belangen wird – zumindest vom weiblichen Teil der Kundschaft – ein zeitgemäßes Auftreten der Bank erwartet.

Die Erfahrung zeigt, daß Kunden zunehmend unprofessionelles und unfreundliches Verhalten von Bankmitarbeitern besonders übelnehmen. Beschwerden hierzu sind häufig sehr schnell von der Drohung begleitet, sämtliche Kontoverbindungen aufzulösen. Auch wenn dies in vielen Fällen verhindert werden kann, ist insgesamt doch eine stark nachlassende Institutstreue festzustellen. Die Bindung an einen einzigen Anbieter ist nicht mehr die Regel. Vielmehr wird z. B. das Girokonto oft nur nach dem Zufallsprinzip bei irgendeiner Bank gewählt, ohne daß daraus weitere Finanzgeschäfte folgen.

Von enormer wettbewerbspolitischer Brisanz ist der rasante technologische Wandel, der enorme Auswirkungen auf das Produktangebot, die Vertriebswege und die innerbetrieblichen Abläufe hat. Außerdem verhindern oder erschweren zunehmende Reglementierungen durch Gesetzgebung und Rechtsprechung oftmals die erforderliche "Lean Production". Zahlreiche gesetzliche Regelungen, Verordnungen, Ausführungsbestimmungen, Urteile und Anweisungen, etwa in Verbindung mit Zinsabschlagsteuer, Geldwäschegesetz und Steueränderungsgesetz haben das Bankgewerbe wie eine Flut überrollt. All dies verursacht enorme Kosten, die wieder weitergegeben werden müssen. Weit gravierender sind neben technischen und organisatorischen Belastungen die personellen Überforderungen mit allen Konsequenzen für die Leistungserbringung. Daß daraus – sowohl national als auch international – Wettbewerbsverzerrungen entstehen, ist offensichtlich.

Nicht nur deshalb erscheint es dringend notwendig, den Blick vom nationalen Parkett zu lösen. Im Rahmen politisch-wirtschaftlicher Weiterentwicklungen, namentlich der EU-Harmonisierung, ist ein Trend zur Deregulierung auszumachen, der die Eintrittsbarrieren für ausländische Wettbewerber senkt. Die mittlerweile internationalen Verflechtungen der Finanzmärkte tun ein übriges, um den Wettbewerb deutlich zu verschärfen.

Die unmittelbaren Auswirkungen dieser Umbrüche sind an den rasant steigenden Kosten abzulesen. Horrorzahlen aus Expertenbefragungen von europaweit bis zu 250 000 Stellenstreichungen in den nächsten fünf bis sieben Jahren verbreiten Unsicherheit. In Deutschland sollen 100 000 von 700 000 Arbeitsplätzen im Bankgewerbe überflüssig sein. Über Geschäftsstellenschließungen wird nicht nur orakelt, sie werden auch realisiert. Die Kreditwirtschaft steht heute vor einem völlig veränderten Szenario. Gefordert ist ein generelles Umdenken.

Eine Schlüssenfunktion bei der Bewältigung dieser existentiellen Herausforderung kommt – davon sind wir überzeugt – dem konsequenten Verfolgen einer Qualitätsstrategie in allen nur denkbaren Dimensionen zu.

Veränderungen	
bei den Kunden	**des Konkurrenzumfeldes**
• sinkende Bankenloyalität • kontinuierliche Anspruchssteigerung • sich ändernde Werthaltungen • zunehmende Konditionensensibilität • steigende Markttransparenz • veränderte Bevölkerungsstrukturen	• nahezu verteilte Märkte • sich angleichende Produktpaletten • wachsende Komplexität der Bankprodukte • aggressive Non- und Nearbanks • sich ausweitende Selbstbedienung • rasanter technologischer Wandel • zunehmende Reglementierungen durch Gesetzgebung und Rechtsprechung • zunehmende Internationalisierung und Globalisierung der Finanzmärkte • anhaltender Trend zur Deregulierung • wachsender Ergebnis-/Kostendruck

Abbildung 1: Bankenmarkt im Wandel

Kurz gefaßt

Der Bankenmarkt ist verteilt. Zusätzliche Marktanteile sind nur noch über Umverteilungen zu erzielen.

Die Imageprofile der Banken verlieren an Kontur. Produkte und Dienstleistungen sind zunehmend austauschbar.

Non- und Nearbanks dringen in die klassischen Geschäftsfelder der Banken ein.

Mit Allfinanzstrategien versuchen alle Banken/Bankengruppen ihre Kunden gegenüber der Konkurrenz zu immunisieren.

Die Loyalität der Kunden zu ihrem Kreditinstitut läßt immer mehr nach.

Der rasante technologische Wandel und die Veränderungen in Gesetzgebung und Rechtsprechung erfordern ein hohes Maß an Anpassungsfähigkeit.

Internationalisierung und Globalisierung der Finanzmärkte nehmen unaufhaltsam zu.

1.2 Banken als Ingebriff für Qualität

- Wie beurteilen Sie das Qualitätsniveau im Bankgewerbe?
- Von welchen Rahmenbedingungen ist Qualität und die Vorstellung davon abhängig?
- Welche Art von Qualitätskontrollen gibt es bei Banken und Sparkassen?

Lohnt es sich überhaupt, das Thema Qualität bei Kreditinstituten aufzugreifen? Banken und Sparkassen sind doch die Qualitätsunternehmen par excellence. Bankleistung und Qualität waren immer als Einheit verbunden, letztlich handelt es sich um eine reine Tautologie.

Diese Auffassung ergibt sich schon aus der geschichtlichen Entwicklung des Bankgewerbes. Banken waren schon immer etwas Besonderes. Weiße-Kragen-Mentalität, das „Gewähren“ von Krediten, das „huldvolle“ Annehmen von Einlagen rückte das Bankgewerbe einige Stufen nach oben. Abgehoben von den Niederungen des normalen Lebens war es umgeben vom Hauch des qualitativ Hochstehenden, des Unfehlbaren.

Dabei handelt es sich um eine historisch gewachsene „Emporhebung“, die trotz aller Entwicklungs- und Anpassungsprozesse bis heute noch Wirkungskraft hat. Man findet eine solche Grundhaltung gegenüber dem Bankgewerbe in allen Schichten der Bevölkerung, einschließlich der Bank- und Sparkassenmitarbeiter; hier vielleicht sogar verstärkt.

Getragen wird diese Haltung auch dadurch, daß Banken und Sparkassen zu den wohl am meisten reglementierten Unternehmen zählen. Allein die überragende volkswirtschaftliche Bedeutung des Kreditgewerbes zwingt dazu, hohe Qualitätsanforderungen an das Bankgeschäft zu richten. Das Einhalten der gesetzlichen Regelungen, wie etwa speziell im KWG niedergeschrieben und vielfältig überwacht, soll ein Höchstmaß an Qualität garantieren. Durch qualitative Mindeststandards wird so versucht, die auf Solidität basierende Funktionsfähigkeit des Bankensystems zu garantieren.[1]

Die wachsende Internationalisierung der Volkswirtschaften hat zu weiteren Normen (z. B. EG-Eigenkapitalvorschriften) geführt, die auch im größeren Rahmen eine Mindestqualität des Bankgeschäfts gewährleisten sollen.

Hinzu kommt die allgemein bekannte Tatsache, daß in allen Banken und Sparkassen umfassende interne Kontrollen zur Fehlervermeidung eingebaut sind. Das Vieraugen-Prinzip, manifestiert durch zahlreiche Kontrollinstanzen und mit der internen Revision als Krönung, ergänzt durch zahlreiche externe Überprüfungsinstitutionen, erweckt sowohl bei Bankmitarbeitern als auch bei der breiten Öffentlichkeit den Anschein, mit der Qualitätssicherung im Kreditgewerbe müsse es zum Besten bestellt sein. Damit könnte man das Thema Qualität bei Sparkassen und Banken als reinen Modegag abtun oder als weiteren untauglichen Versuch, japanisches Gedankengut auf deutsche Verhältnisse übertragen zu wollen. Für die aussterbende Spezies der traditionell ausgerichteten Bankiers und Bankbe-

1) Vgl. Adam (1992), S. B 6

amten ist es unfaßbar, für moderne Banker schmerzlich zu spüren, daß behauptet wird, Qualität und Seriosität würden immer mehr abbröckeln.

In der Praxis des Bankalltags herrscht kein Zweifel daran, daß das Qualitätsniveau einen hohen Stand hat und ständig Verbesserungen angestrebt werden. Doch angesichts des stürmischen Wandels unserer Gesellschaft und der veränderten Einstellung dem Bankwesen gegenüber, steht jedes Kreditinstitut unter dem Zwang, seine Position zu überprüfen. Die Herausforderungen, denen sich das Bankgewerbe heute gegenübersieht, sind nicht vergleichbar mit denjenigen der Vergangenheit.

„Aus der Vergangenheit kann jeder lernen. Heute kommt es darauf an, aus der Zukunft zu lernen."

Herman Kahn

Insoweit hilft auch nicht der Blick zurück. Kreditinstitute müssen, insbesondere was Qualitätspolitik angeht, neue Maßstäbe setzen. Sie werden dabei Entwicklungen nachvollziehen müssen, die in anderen Bereichen der Wirtschaft schon einige Stufen weiter sind.

Die Situation wird dadurch erschwert, daß die Kreditbranche wachsendem Kostendruck ausgesetzt ist. Unter diesem Zwang werden Leistungen nicht mehr geboten, an die sich die Kunden gewöhnt haben. Oder es werden für einst kostenlose Dienste Gebühren verlangt. Daraus erwächst Verdrossenheit. Vor allem dann, wenn solche Aktionen stillschweigend erfolgen und dem Kunden nicht aufrichtig mitgeteilt wurden.

„Banken und Service sind Dinge, die einander längst ausgeschlossen haben. Banken verdienen kein Vertrauen mehr. Ihr Rat ist sinnlos, ihr Treiben das gezahlte Geld nicht wert."

Die aus einer bekannten deutschen Wirtschaftszeitschrift zitierten Aussagen verdeutlichen exemplarisch die heutige Kritik an den Banken. Das Bankgewerbe hat augenscheinlich die Aura des Unangreifbaren verloren. Es ist schick geworden, Kreditinstitute zu kritisieren. Ob in öffentlichen Medien oder am Stammtisch. Dies muß für die Kreditinstitute Ansporn und Aufforderung zum Handeln sein. Nicht schimpfen oder Kopf in den Sand stecken ist angesagt, sondern neue, mutige Konzepte sind gefordert, neue Strategien sind zu verfolgen.

Qualität und Qualitätspolitik müssen sich vom traditionellen Denken lösen, sie dürfen nicht mehr allein Angelegenheit von Kontrollinstanzen und Revisionen sein. Denn die meisten Kontrollen haben sich bisher lediglich auf die Beachtung gesetzlicher Normen bezogen oder die eigene Sicherheit des Kreditinstituts verfolgt. Umfassende Qualitätsüberlegungen, die auch die Dimension des Marktes und der Kunden einbeziehen, sind erst in Ansätzen vorhanden. Doch eine Denkhaltung, die Qualität nur mit der Einhaltung von Normen gleichsetzt, läßt sich zukünftig nicht mehr durchhalten. Umfassende strategische Qualitätskonzepte müssen entwickelt werden.

Die Wettbewerbsfähigkeit des Bankgewerbes, seine allgemeine Reputation steht auf dem Spiel. Sicher ist es überzogen, das deutsche Kreditgewerbe in eine ähnlich tiefgreifende Strukturkrise hineinwachsen zu sehen oder hineinreden zu wollen, wie sie die deutsche Stahlindustrie erlebt hat. Doch das deutsche Kreditgewerbe tut gut daran, diese Aussage als Hinweis aufzunehmen, sich rechtzeitig und das heißt spätestens heute, auf kommende dramatische Veränderungen in der Bankenlandschaft mit einer Neuorientierung seiner Geschäftspolitik einzustellen.

Kurz gefaßt

In der Vergangenheit saßen Banken ungestört auf dem Olymp der Qualität.

Das bisherige Qualitätsniveau basierte überwiegend auf der Einhaltung gesetzlicher Regelungen, auf zahlreichen internen Kontrollinstanzen und auf einer stark ausgebauten Internen Revision.

Der „Hauch des Unfehlbaren" und qualitativ Hochstehenden verflüchtigt sich zunehmend.

Dramatische Veränderungen in der Bankenlandschaft, insbesondere zunehmende Kritik am geschäftspolitischen Gebaren, zwingen die Banken heute zum rasanten Umdenken in ihrer Qualitätspolitik.

1.3 Warum Qualität?

- Wie können sich Banken und Sparkassen im Wettbewerb noch profilieren?
- Ist Ihnen die geschichtliche und heutige Bedeutung des „Made in Germany“ bekannt?
- Welchen Stellenwert hat heute die Treue des Kunden zu seiner Bank oder Sparkasse?
- Welche Faktoren tragen zu einer Verringerung der Bankenloyalität bei?

„Made in Germany“ war über 100 Jahre das international gültige Zeichen für exzellente Qualität, das Gütesiegel für deutsche Wertarbeit und die deutsche Wirtschaft schlechthin.[1] Der Glanz ist zwar etwas verblaßt, doch zum Glück zählt dieses Qualitätssiegel auch heute noch. Das wird aus vielen Gesprächen mit Unternehmern deutlich. Qualität ist offensichtlich ein gutes Wettbewerbsargument, oft sogar das alles entscheidende.

„Deutschland und Japan haben in den 60er und 70er Jahren die Weltmärkte nicht durch Abwertung erobert. Sie schafften es durch ein hervorragendes Industriedesign und zuverlässige Produkte, die nicht nur pünktlich geliefert wurden, sondern für die es auch einen zuverlässigen Kundendienst gab. So sieht der Weg zum Erfolg aus“.

Margaret Thatcher

Die Möglichkeiten für Banken und Sparkassen, sich durch weitere Produktangebote von ihren Konkurrenten abzuheben, werden immer geringer. Zu schnell sind die Reaktionszeiten für die Mitbewerber geworden. So ist es heute weitgehend üblich, daß Innovationen von Konkurrenzinstituten sofort – mit etwas anderem Outfit – nachgeahmt werden.

Selbst der aufmerksamste Kunde kann die Angebote der Geldhäuser wegen der Ähnlichkeit der Produktmerkmale kaum noch auseinanderhalten.

1) Vgl. Zink (1989), S. 11 ff., Masing (1992), S. B 1

Das Persönliche beim Verkauf ist daher oft das einzige deutliche Unterscheidungskriterium.

Auch bei der Konditionsgestaltung gibt es kaum noch Möglichkeiten, sich klar von anderen Instituten abzugrenzen. Durch Preisaushang, Werbung, vergleichende Darstellung in den Medien und das immer offensivere Auspokern von Konditionen durch Kunden ist eine weitgehende Transparenz gegeben.

Die Treue der Kunden zu ihrer Bank nimmt seit Jahren immer mehr ab. War es früher üblich, nur eine Bankverbindung zu haben, so nimmt die Zahl der Zwei- und Mehr-Banken-Verbindungen deutlich zu. Etwa 50 % der deutschen Haushalte verfügen heute über zwei bis vier Bankverbindungen. [1)]

Die Kunden sind wesentlich aufgeklärter, bankerfahrener und anspruchsvoller als früher. Sie treten selbstbewußter auf und sind fordernder geworden. Die Aufklärungskampagnen der Verbraucherverbände und der Medien haben ihre Wirkung nicht verfehlt.

Daneben hat die zunehmende Technisierung der Bankenlandschaft zu einer Entfremdung der Kunden von ihrer Bank oder Sparkasse geführt. Der gesteigerte Rund-um-Service durch Bankautomaten wird von Kunden geschätzt. Doch menschliche Wärme vermittelt die kühle Technik nicht. Der Automat darf nicht versagen, sonst steigt der Zorn ins Unermeßliche. Es fehlt in diesem Augenblick die höfliche Entschuldigung, das um Verzeihung bittende Lächeln.

Vor dem Hintergrund dieser zunehmenden Homogenisierung im Angebot von Bankleistungen und der wachsenden Entfremdung muß der Qualitätsaspekt immer stärker ins geschäftspolitische Kalkül rücken.

Ein gedankliches „Made by X-Bank oder Y-Sparkasse" könnte für das einzelne Kreditinstitut eine ähnliche Wirkung haben, wie das „Made in Germany" für die deutsche Wirtschaft.

Auf die Frage an Bankmanager, ob Qualität ein wichtiger Faktor für geschäftlichen Erfolg sei, werden die meisten der Befragten ohne Zögern nicken. Und zwar aus voller Überzeugung. Denn die Werbebotschaften

---

1) Vgl. Raab (1992), S. 16

nach außen und nach innen bezeugen doch deutlich: „Der Kunde sei König“, „Im Mittelpunkt unseres Handelns steht der Kunde“.

Sind dies tatsächliche Handlungsmaximen mit aller Konsequenz oder nur reine Lippenbekenntnisse? Fragen Sie Ihre Kunden, was sie dazu meinen!

Sich durch Qualität von seinen Wettbewerbern abzugrenzen, wird ein sehr mühsamer und langfristiger Prozeß sein. Aber konsequent angelegt und eingesetzt bietet dieser Weg die Gewähr, dauerhafte Wettbewerbsvorteile zu erzielen. Rasche und billige Nachahmung sind ausgeschlossen. Ein Kreditinstitut, das es schafft, ein besonders hohes Qualitätsniveau zu erreichen, baut damit ein Schutzschild um seine Kunden auf. Dieses Schutzschild schützt vor überraschenden Angriffen der Konkurrenz: Supergünstige Konditionen verfehlen dann ihre Wirkung, wenn der Kunde weiß, daß er bei seiner Bank oder Sparkasse insgesamt gut aufgehoben ist.

Zukünftig verkörpert Qualität daher für das Kreditgewerbe den strategischen Wettbewerbsfaktor schlechthin.

Kurz gefaßt

Innovative Produktangebote schaffen nur einen kurzfristigen Vorsprung. Zu schnell werden sie von den Konkurrenten nachgeahmt.

Im Preiswettbewerb herrscht fast vollständige Transparenz, so daß kaum die Möglichkeit besteht, dauerhafte Vorteile zu erringen. Lediglich der Druck auf die Margen wird größer.

Die Treue der Kunden zu ihrer Bank oder Sparkasse nimmt immer mehr ab. Wachsende Ansprüche auf Seiten der Kunden und zunehmende Technisierung verstärken die Entfremdung zwischen Kreditinstitut und Kunde.

Qualität wird im sich verschärfenden Wettbewerb der Banken und Sparkassen zum wichtigsten Argument.

Mit überragender Qualität kann das Kreditinstitut einen „Schutzschild“ um seine Kunden aufbauen.

1.4 Die neue Botschaft

➡ Welchen Stellenwert hatte Qualität bisher im Bankgewerbe?

➡ Welche Verschiebungen in den geschäftspolitischen Prioritäten wird es geben?

➡ Wie lautet die zukünftige Erfolgsformel für Banken und Sparkassen?

Auf die Frage, welche drei Ratschläge er für die Jugend habe, soll Bismarck einst geantwortet haben:
„Arbeite, arbeite, arbeite."

Den Kreditinstituten müßte man auf die Frage nach der zukünftigen geschäftspolitischen Ausrichtung heute zurufen:
„Qualität, Qualität, Qualität."

Doch welche Bank oder Sparkasse würde nicht von sich behaupten, qualitätsbewußt zu handeln, sowohl nach außen als auch nach innen. Der Kunde steht – spätestens seit der Marketingoffensive Anfang der 70er Jahre – im Mittelpunkt des geschäftspolitischen Interesses. Und internes Qualitätsstreben war schon immer da. Es erlebte durch das neue Kostenbewußtsein und Controllingdenken lediglich eine Renaissance.

Qualitätsbewußtsein ist also für das Bankgewerbe nichts Neues. Doch das künftige Qualitätsdenken hat eine andere Tiefe und mit der Kundenorientierung eine zusätzliche Blickrichtung.

Auf einer fundierten Basis, ohne modische Übertreibung, aber konsequent umgesetzt, ist Qualität die Zauberformel für den dauerhaften Erfolg von Kreditinstituten und ermöglicht eine individuelle Profilierung zur Abgrenzung von Mitbewerbern.

Damit verbunden ist auch das Abschiednehmen von falsch verstandenem Gigantismus. Dies war, wie einige Beispiele aus der neueren deutschen und internationalen Bankgeschichte zeigen, für das Kreditgewerbe noch nie besonders gut.

Zukünftig müssen die Prioritäten neu gesetzt werden:
- Ertrag vor Wachstum und
- Qualität vor Größe.

Eine Neuausrichtung scheint sich schon anzubahnen. In einer international angelegten Studie der Beratungsfirma Ernst & Young Consulting zum Qualitätsmanagement der Kreditinstitute war ganz deutlich erkennbar, daß der Qualität bei Banken und Sparkassen zukünftig sehr viel höheres Gewicht beigemessen wird. [1] Dabei bildet das deutsche Bankgewerbe offenbar nicht die Speerspitze. Japanische, amerikanische und – man beachte – französische Banken sollen schon wesentlich weiter sein. [2]

Die deutschen Banken und Sparkassen werden sich den vorhandenen Herausforderungen stellen. Notwendig ist eine Qualitätsstrategie, die Produktivitätssteigerungen und die Optimierung der Kundenzufriedenheit gleichermaßen fördert. Wir erleben also eine konsequente Weiterentwicklung im Bankgewerbe, die Marketingdenken und Controllingphilosophie zur neuen Qualitätsvision vereint.

Die Erfolgsformel der Zukunft lautet:

Dauerhaft erfolgreich wird die Bank sein, die stets die Erwartungen ihrer Kunden erfüllt und dies mit dem gegenüber den Wettbewerbern geringsten Aufwand.

Mit dieser Devise muß es gelingen,

- Kunden gegen Wettbewerber abzuschirmen,
- bestehende Kundenverbindungen ertragreicher zu gestalten,
- neue, attraktive Kunden zu gewinnen,
- interne Prozesse rationell zu gestalten,
- Fehler auf ein Mindestmaß zu begrenzen,
- dauerhaft erfolgreich zu arbeiten.

---

1) Vgl. Hanfland (1993)
2) Vgl. Schmid (1992), S. 28

Kurz gefaßt

„Ertrag vor Wachstum, Qualität vor Größe“ wird die zukünftige Devise für bankgeschäftliches Handeln sein.

Die deutschen Kreditinstitute werden große Anstrengungen unternehmen müssen, um sich gegenüber bedeutenden internationalen Wettbewerbern im qualitätsorientierten Management behaupten zu können.

Das Qualitätsdenken wird zukünftig bei Banken und Sparkassen eine neue Tiefe und zusätzlich eine Ausrichtung auf Kunden erfahren.

Die Erfolgsformel der Zukunft lautet:
Kundenorientierung plus Kostenführerschaft.

Kapitel 2

Auf der Suche nach Qualität

„Ein Kunde ist kein Außenstehender,
sondern ein lebendiger Teil des Unternehmens.
Wir tun ihm keinen Gefallen, indem wir ihn bedienen,
sondern er tut uns einen Gefallen, wenn er uns
Gelegenheit gibt, es zu tun."

2.1 Was Qualität ist, bestimmt der Kunde

➡ Welchen Wert legen Sie persönlich auf gute Qualität?

➡ Können Sie spontan antworten, was für Sie Qualität ist, wenn Sie ein Auto kaufen?

➡ Welche Qualitätsvorstellungen hat Ihr Mann / Ihre Frau?

➡ Wissen Sie selbst, wie Ihre Bank Qualität definiert?

➡ Wissen Ihre Mitarbeiter, Ihre Kollegen, jeder einzelne in der Bank, was Qualität ist?

Angenommen, man würde eine Reihe Personen befragen, ob sie bei ihren täglichen Einkäufen, bei beanspruchten Handwerkerleistungen oder bei der Nachfrage nach anderen Dienstleistungen auf gute Qualität Wert legen, wäre die Antwort aller Voraussicht nach klar: Ein eindeutiges oder allenfalls ein mit deutlicher Mehrheit abgegebenes Ja.

Weiter gefragt, was der einzelne unter Qualität versteht, würden die Antworten wesentlich diffuser werden.

Machen Sie ein Experiment! Sprechen Sie einmal mit Kollegen und Mitarbeitern an verschiedenen Arbeitsplätzen in ihrer Sparkasse oder Bank über Qualität. Finden Sie heraus, was sie darunter verstehen. Ganz schnell stellen Sie fest, daß alle, mit denen Sie darüber reden, nur sehr vage Vorstellungen davon haben, was für ein Kreditinstitut Qualität sein könnte.

Die Qualität eines Hemdes mit Kriterien wie Knitterfreiheit oder Tragekomfort zu bestimmen, fällt noch recht leicht. Ebenso geht es mit anderen gegenständlichen Dingen des täglichen Lebens, angefangen von Lebensmitteln bis hin zu Autos.

Schwieriger wird es mit Bankleistungen. Man kann sie nicht anfassen, nicht fühlen, nicht schmecken, nicht riechen, und zu sehen ist nicht die eigentliche Leistung, sondern lediglich (eher unliebsame) Begleiterscheinungen wie Formulare, Verträge, Kontoauszüge.

Jeder will Qualität, doch niemand weiß so genau, was das eigentlich ist. Qualität bei Kreditinstituten ist also ohne weiteres nicht faßbar.

Damit dürfen wir uns nicht zufrieden geben. Wer nicht weiß, was Qualität bedeutet, kann auch nicht aktiv an ihrer Verbesserung mitwirken.

In der wissenschaftlichen Diskussion gibt es mehrere Ansätze, den Qualitätsbegriff näher zu definieren. So läßt sich Qualität in einer objektiven und einer subjektiven Version darstellen. [1] Als *objektive Qualität* werden lediglich die feststellbaren und damit auch meßbaren Eigenschaften eines Produktes oder einer Leistung gesehen. Demgegenüber stellt die *subjektive Qualitätsfassung* auf die individuelle Bewertung ab, die sehr stark von der subjektiven Nutzungsabsicht geprägt ist. Die Qualitätsbeurteilung für einen Schreibtisch wird verschieden ausfallen, je nachdem, ob sie von einem Schüler oder vom Organisator eines Großbetriebes abgegeben wird.

Differenzierter betrachtet, lassen sich fünf Qualitätsbegriffe unterscheiden: [2]

1. Der **absolute** Qualitätsbegriff orientiert sich stark an der umgangssprachlichen Auffassung, die Qualität durch Superlative wie „am besten, am feinsten, traumhaft, phantastisch" u.a. ausdrückt. Qualität ist demnach etwas, das extrem hohen Anforderungen gerecht wird, das aber kaum exakt zu messen ist.

2. Nach der **produktbezogenen** Auffassung kommt Qualität in den Eigenschaften des Produktes zum Ausdruck. Qualitiät ist hierbei eine objektive Größe, die sich über die jeweiligen Merkmalsausprägungen messen läßt. Für ein Auto wäre z. B. die KW-Zahl oder der Benzinverbrauch eine solche meßbare Qualitätsausprägung. Dieser Qualitätsbegriff liegt meist sogenannten Produktvergleichen zugrunde.

3. Der **kundenorientierte** Qualitätsbegriff hat als Ausgangsbasis die Beurteilung durch den Verwender. Demnach besitzt jenes Gut die höchste Qualität, das am besten die Bedürfnisse des Kunden befriedigt. Hierbei steht die subjektive Wahrnehmung des Kunden mit all den damit verbundenen Problemen deutlich im Vordergrund.

4. Der **herstellungsorientierte** Qualitätsbegriff bezieht sich auf die Einhaltung vorgegebener betrieblicher Qualitätsgrößen. Dies können einerseits genau meßbare Sollgrößen oder subjektive Zufriedenheitswer-

1) Vgl. Drewes (1992), S. 940
2) Vgl. Juran (1992), S. 31 ff. in Anlehnung an Garvin und Stauss, Hentschel (1991) S. 238 ff.

te sein. Unabhängig von den Verbrauchserwartungen ist Qualität dann gegeben, wenn diese Sollvorgaben eingehalten werden. Was Qualität ist, wird hier vom Unternehmen selbst festgelegt.

5. Der **wertorientierte** Qualitätsansatz legt das Verhältnis von Kosten und Leistung zugrunde. Qualität liegt dann vor, wenn dieses Verhältnis günstig beurteilt wird; eine Interpretation, die weitgehend auch unserem Alltagsverständnis entspricht.

Vor allem in der umgangssprachlichen Verwendung vermischen sich die genannten Qualitätsauffassungen sehr oft, ohne daß es allerdings zu größeren Interpretationsschwierigkeiten kommt. Unter dem Vorzeichen der gegenwärtigen Markt- und Wettbewerbsverhältnisse steht für Banken ganz klar die **nutzerbezogene** Qualitätsauffassung im Vordergrund.

Eine Bank bietet demnach hohe Qualität, wenn sie die Erwartungen ihrer Kunden in hohem Maße erfüllt.

Es ist also der Kunde, nicht der Bankmitarbeiter und nicht der Vorstand, der bestimmt, was Qualität ist.

Man könnte diese Auffassung schnell als Banalität abtun. Im Prinzip würde sich jeder dieser Qualitätsauffassung anschließen. So hat auch eine Befragung von Top-Managern ergeben, daß 82 % die Auffassung vertreten, nicht der Unternehmer, sondern der Kunde bestimme, was Qualität sei.

Doch wer handelt auch konsequent danach?

Kurz gefaßt

Qualität kann in objektiv feststellbaren und meßbaren Größen ausgedrückt werden.

Die Vorstellungen von Qualität sind sehr individuell und von der jeweiligen Verwendungsabsicht geprägt.

Je nach Auffassung ist Qualität
- einfach das Beste,
- die Summe der gemessenen Eigenschaften eines Produktes,
- das, was am besten die Bedürfnisse des Kunden befriedigt,
- die Einhaltung betrieblicher Sollgrößen,
- das beste Verhältnis zwischen Leistung und Preis.

Qualität bedeutet für Kreditinstitute, die Erwartungen ihrer Kunden in hohem Maße zu erfüllen.

2.2 Was will der Kunde?

➡ Woher weiß der Kunde, welches Maß er von seinem Kreditinstitut erwarten kann?

➡ Wie beurteilen Kunden die Leistungen ihrer Bank oder Sparkasse?

➡ Was ist wichtiger: das eigentliche Bankprodukt oder der zusätzliche Service?

➡ Wie vergeben Kunden Plus- oder Minuspunkte hinsichtlich der in Anspruch genommenen Leistungen?

➡ Ist die Qualitätserwartung der Kunden eine statische Größe?

Die Frage: „Was will der Kunde?“ ist schwierig, weil selbst die Kunden, würden sie befragt, nicht ohne weiteres eine eindeutige Aussage machen könnten. Kundenumfragen können – insbesondere, wenn sie einfach und pauschal angelegt sind – mehr verschleiern als aufdecken oder sogar in die Irre führen.

Nehmen wir beispielhaft die, vor allem in Hotels, Restaurants und Einzelhandelsgeschäften so beliebten Kundenbefragungen mittels vorgedruckter Karten. Können sie ein richtiges Bild vermitteln? Wer füllt denn diese Karten aus? Vielleicht die ewigen Nörgler oder nur die hoch Zufriedenen. Insoweit kann durch solche Befragungen kein umfassendes Bild gewonnen werden. Möglich sind allerdings – das sei nicht bestritten – gewisse Hinweise auf besondere Stärken oder Schwächen.

Um herauszufinden, was Kunden nun wirklich wollen, müssen wir in die Tiefe gehen. Wenn Kunden Bankleistungen nachfragen, erwarten sie allgemein gute Qualität. Angenommen, ihre Erwartungen werden erfüllt. Sind die Kunden dann besonders zufrieden mit ihrem Kreditinstitut oder nehmen sie dies lediglich als etwas völlig Normales hin?

Jeder Kunde bewertet die in Anspruch genommene Leistung individuell. Dabei nimmt er die verschiedenen Elemente einer Leistung meist nicht einzeln wahr, sondern als Ganzes. So wird der schlecht formulierte Brief wegen einer Kreditzusage nicht als solcher negativ bewertet, sondern er verändert die ansonsten sehr positiv erlebte Kreditverhandlung. Er wirkt sogar überproportional als negativer Baustein des gesamten Kreditvorganges. Wäre der Brief allerdings in Ordnung gewesen, so hätte der Kunde diesem Kreditgeschäft gedanklich keine zusätzlichen Pluspunkte zugerechnet.

Damit sind wir an einer entscheidenden Frage, was die Qualität von Bankleistungen betrifft: Für den Kunden setzt sich die Leistung der Sparkasse oder Bank aus zwei Komponenten zusammen: aus dem konkreten Produkt als der eigentlichen Kernleistung und dem dazugehörenden Service als Zusatzleistung.

Mit dem Wandel der Wettbewerbsverhältnisse tritt die früher eindeutige Dominanz der eigentlichen Kernleistung immer mehr zurück. Jeder Kunde kann heute im Prinzip bei allen Kreditinstituten die gleichen Leistungen bekommen. Die Transparenz auf den Märkten gibt den Kunden einen guten Überblick über das Produktangebot der Banken. Die Wettbewerber können sich mit immer kürzeren Reaktionszeiten auf Marktinnovationen einstellen und diese adaptieren.

Damit wird der rund um die eigentliche Bankleistung angebotene Service immer wichtiger. Die Kerndienstleistung beinhaltet alle Merkmale, welche die eigentliche Bankleistung ausmachen. Das sind solche **„harte Fak-**

toren" wie Zins, Laufzeit von Geldanlagen, Risiko, u.a. Sie decken den sogenannten Grundnutzen des Kunden ab und sind Basis einer eher rationalen Entscheidungsfindung.

Die Servicekomponente der Bankleistung geht darüber hinaus. Sie beinhaltet das Besondere, das Außergewöhnliche, das Unerwartete. Der Kunde erfährt über diese **„weichen Faktoren"** der Bankleistung einen Zusatznutzen, der ihn sehr stark emotional bindet.

Die Merkmale der Kerndienstleistung werden in einem breiten Spektrum als normal angesehen. Abweichungen vom erwarteten Normalstandard führen jedoch schnell zu Minuspunkten. Nur deutliche Übererfüllung wird honoriert, z. B. außergewöhnlich gute Zinsen oder besonders attraktive Produktgestaltung.

Für Abweichungen bei den Zusatzleistungen ist der Kunde bereit, Pluspunkte für das Besondere zu geben. Er beurteilt allerdings nicht differenziert nach Kern- und Zusatzleistung. Für ihn bleibt die Bankleistung eine ganzheitliche Angelegenheit, die er auch so bewertet. Dabei spielen Emotionen oft eine größere Rolle, als sich der Kunde und der Banker selbst eingestehen wollen.

„Es liegt eben in der menschlichen Natur, vernünftig zu denken und unlogisch zu handeln."

Anatole France

Wie wichtig der Service für Kunden ist, zeigen Ergebnisse einer Untersuchung. Gefragt nach den Gründen für einen Wechsel ihrer Bankverbindung, gaben immerhin 35 % der Befragten schlechten Service an. Zinsen folgen erstaunlicherweise erst mit 20 %, Gebühren mit 10 %. [1] Kerndienstleistung und Service, Grundnutzen und Zusatznutzen sind keine statischen Größen. Sie unterliegen Veränderungen. Bringt ein Mitbewerber eine Verbesserung eines Bankproduktes, so erwartet der eigene Kunde das Gleiche. Da die Änderungen dieser harten Produktfaktoren unmittelbar nachzuvollziehen sind, gibt es hierbei keine grundlegenden Probleme.

Schwieriger wird es im Bereich des Service. Das Anspruchsniveau jedes Kunden ist anders gelagert, geprägt von seinen bisherigen Erfahrungen.

1) Vgl. Schmid (1993), S. 17

Wer von seinem Berater in der Bank immer höflich und zuvorkommend betreut wurde, muß es wie einen Schock empfinden, von einem Nachfolger oder einer Aushilfskraft plötzlich in einem weniger verbindlichen Ton angesprochen zu werden.

Die Erfüllung der Kundenanforderungen ist damit ein dynamischer Prozeß. **Hohe Qualität konkurriert mit sich selbst:** durch gute Leistungen werden die Erwartungen der Kunden in die Höhe geschraubt. Eine Umkehrung ist nicht möglich.

Von Banken und Sparkassen erfordert dies eine **dynamische, offensive Qualitätsauffassung** gekoppelt mit der Bereitschaft zu kontinuierlicher Weiterentwicklung im Sinne einer lernenden Organisation.

Kurz gefaßt

Die Beantwortung der Frage, was der Kunde von seiner Sparkasse oder Bank erwartet, entscheidet über deren langfristigen Erfolg.

Die Kunden bewerten ihre Bank bzw. Sparkasse und die beanspruchten Bankprodukte individuell, aber als Ganzes.

Die Zusatzleistung stellt das Besondere der Bankleistung dar. Sie wird für die gesamte Qualitätsbeurteilung immer bedeutender gegenüber der das „Normale“ beinhaltenden Kernleistung.

Bei negativen Abweichungen vom „Normalen“ vergibt der Kunde Minuspunkte, während erst deutliche Übererfüllung honoriert wird.

Für Zusatzleistungen gibt es dagegen Bonuspunkte.

Die Erwartungen der Kunden in bezug auf Qualität sind ständigen Veränderungen unterworfen.

Dies erfordert von Banken eine offensiv-dynamische Qualitätsauffassung, nach der fortwährende Anpassungen auf ein höheres Niveau angestrebt werden.

2.3 Dimensionen der Qualität

- Was stört Kunden im Umgang mit ihrer Bank oder Sparkasse?
- Was ist für Kunden selbstverständlich und was macht sie besonders zufrieden?
- Wie sind Informationen über Kundenreaktionen erhältlich?
- Welche Qualitätsdimensionen sind für Bankkunden wichtig?
- Welche Unterschiede in der Wirkung gibt es zwischen den Qualitätsmerkmalen?

Qualität der Bankleistung zielt auf Kundenzufriedenheit. Und zufriedene Kunden garantieren den langfristigen Erfolg einer Bank.

Wenn Kunden mit ihrer Bank in Kontakt treten, empfinden sie manche Sachverhalte als erfreulich, andere Erlebnisse stören sie und wiederum andere nehmen sie einfach als gegeben hin.

Viele dieser Gesichtspunkte sind schwer greifbar und dennoch zeigen sie, manchmal sogar überraschend und mit massiver Wucht, ihre Wirkung. Bank- und Sparkassenkunden können besonders nachtragend sein. Es gibt Fälle, da wird die Abneigung gegen eine Bank oder Sparkasse aufgrund irgendwelcher Fehler oder falscher Verhaltensweisen bis zur dritten Generation weitervererbt.

Wichtig für Kreditinstitute ist also zu wissen, was ihre Kunden zufriedenstimmt und was ihre Kunden stört bzw. was nicht akzeptiert wird. Allgemein ist es sehr schwierig für ein Kreditinstitut, genau zu erfahren, was die Kunden erleben. Dies gilt umso mehr, je weiter die verantwortlichen Entscheidungsträger von der Kundenfront entfernt sind. Je größer die Sparkasse oder Bank, desto weniger entscheidungswirksam ist das Wissen über die tatsächlichen Qualitätserlebnisse ihrer Kunden.

Kundenbefragungen und Schaltertests können zwar wichtige Informationen geben. Die Ergebnisse sind allerdings gefiltert oder über Durchschnittsaussagen entschärft. Deutlichere Hinweise erhält man z. B. über persönliche Kundenkontakte, eigene Verkaufserfahrungen oder Berichte von Mitarbeitern. Hautnahe Beziehungen mit Kunden sind durch nichts zu ersetzen. Noch mehr – die Nähe zum Kunden muß gesucht werden.

„Der wichtigste, heute vernachlässigte Managementgrundsatz ist wohl die Nähe zum Kunden, seine Bedürfnisse zu erfüllen und seinen Wünschen zuvorzukommen. Für allzu viele Unternehmen ist der Kunde zum lästigen Störenfried geworden: sein unberechenbares Verhalten wirft wohldurchdachte strategische Pläne über den Haufen, seine Handlungen bringen die EDV durcheinander, und obendrein besteht er auch noch hartnäckig darauf, gekaufte Produkte müßten funktionieren."

Lew Young

Interessant – besonders für Vorstände – ist es, Kundenbriefe selbst zu sichten. Auch persönlich oder telefonisch vorgetragene Wünsche oder Beanstandungen von Kunden geben detaillierte Hinweise. Nichts ist so lebendig wie das tägliche Leben. Erfreulich ist, daß nicht nur negative Erlebnisse angeführt werden, sondern auch viele positive Äußerungen kommen. Es besteht aber die Gefahr, daß Einzelaussagen, besonders wenn sie dem Vorstand vorgebracht wurden, einen Totalitätscharakter erhalten und übergewichtet werden.

Woran stören sich die Kunden einer Bank? Betrachten wir zunächst eine willkürliche Auflistung von negativen Kundenerlebnissen. Was Kunden tatsächlich erleben, wirkt plastischer und bleibt nicht hinter dem Schutzschild abstrakter und anonymer Leistungsdimensionen verborgen:
- „An der Kasse muß ich ständig so lange warten."
- „Jeder kann mithören."
- „Viel zu viele Formalitäten und Unterschriften."
- „Gebühren wurden ohne Ankündigung belastet."
- „Bis der Kredit ausbezahlt wurde, hat es viel zu lange gedauert."
- „Jedesmal, wenn ich zur Bank komme, habe ich einen anderen Ansprechpartner."
- „Die Leute haben keine Ahnung."
- „Was Sie mir in diesem Brief mitteilen, verstehe ich überhaupt nicht."

Die Aufzählung läßt sich beliebig fortsetzen. Stellen Sie am besten selbst aus Ihrem eigenen Arbeitsumfeld eine solche Liste von Äußerungen zusammen!

Zum Glück gibt es auch sehr viele positive Rückmeldungen von Kunden, die sich prinzipiell auf die gleichen Sachverhalte beziehen. Wenn sie nicht so häufig auftreten, dann liegt es allerdings nur zum Teil daran, daß wir alle eher tadeln als loben.

Abstrahiert von den konkreten Einzelfällen lassen sich sowohl die „Sünden des Bankalltags“ als auch die „Glücksfälle“ zu Qualitätsdimensionen mit jeweils positiver und negativer Ausprägung verdichten:

gering	←	Diskretion	→	hoch
lang	←	Wartezeiten	→	kurz
ungünstig	←	Öffnungszeiten	→	günstig
fehlerhaft	←	Abwicklung	→	fehlerfrei
schlecht	←	Konditionen	→	gut
schlecht	←	Beratung	→	gut
gering	←	Fachkompetenz	→	hoch

Abbildung 2: Operative Qualitätsdimensionen zur Abdeckung des „Normalzustandes“

Die bisher bekannten Untersuchungen zur Zufriedenheit der Bankkunden bzw. zu Ausprägungen der Qualitätsdimensionen beziehen sich im wesentlichen auf die dargestellten Merkmale. Diese beinhalten aber weitgehend nur solche Faktoren, deren Erfüllung von den Kunden eher als Selbstverständlichkeit betrachtet wird. Ein hoher Erreichungsgrad drückt in der Meinung der Kunden lediglich den „Normalzustand“ aus, der keiner besonderen Erwähnung, geschweige denn eines ausdrücklichen Lobes würdig ist. Lediglich die negativen Abweichungen sind es, die zu (Unmuts-) Äußerungen führen. Insoweit ist es zwingend notwendig, daß diese Qualitätsmerkmale von der Bank oder Sparkasse immer voll erfüllt werden.

Damit bleibt die Frage noch unbeantwortet, welche Kriterien das „Besondere“ für den Kunden darstellen.

Versuchen wir, auch hierzu die Erlebniswelt der Kunden nachzuzeichnen, so lassen sich beispielhaft anführen:
- „Ich wußte nicht weiter, aber Ihre Mitarbeiterin war ausgesprochen hilfsbereit. Sie hat für mich das und das getan.“
- „Bei Ihrem Spezialberater fühle ich mich sehr gut aufgehoben. Er hat mir alle Möglichkeiten aufgezeigt. Ich glaube, wir haben die richtige Entscheidung getroffen.“

- „Meine Bank lädt mich zu besonderen Vortragsveranstaltungen/Konzerten ein."
- „Mit meiner Bank verbindet mich ein ganz besonderes Vertrauensverhältnis."
- „Die Mitarbeiter meiner Bank sind außergewöhnlich aufmerksam und sehr motiviert."
- „Meine Bank bietet immer wieder neue Leistungen an, die mir das Leben erleichtern."
- „Mein Betreuer ruft mich an, wenn er mir etwas Besonderes anzubieten hat."

Daraus abgeleitet lassen sich weitere Qualitätsdimensionen finden, die über das Normale hinausgehend, eine deutliche Differenzierung zwischen Wettbewerbern erlauben:

gering	←	Hilfsbereitschaft	→	hoch
kaum	←	aktive Betreuung	→	umfassend
gering	←	Aufmerksamkeit	→	hoch
schwach	←	persönliche Vertrauensbasis	→	ausgeprägt
häufig wechselnd	←	Ansprechpartner	→	immer derselbe
kaum	←	Innovationen	→	häufig
gering	←	persönliche Aufwertung	→	ausgeprägt
gering	←	Motivationsgrad d. Mitarb.	→	hoch

Abbildung 3: Strategische Qualitätsdimensionen zur Differenzierung gegenüber den Wettbewerbern

In bezug auf ihre Wirkung könnte man die letztgenannten Qualitätsdimensionen als strategische und die erstgenannten als operative bezeichnen. Die Abgrenzung zwischen diesen beiden Kategorien ist sicher noch nicht exakt, sie soll hier lediglich als erste Orientierung dienen. [1)]

Im Mittelpunkt der zunehmend wichtiger werdenden strategischen Qualitätsdimensionen steht das Vertrauensverhältnis zwischen Kunde und Kreditinstitut. Es beruht auf ausgesprochen persönlichen Beziehungen und kann sich nur daraus weiterentwickeln.

---

1) Vgl. auch die Darstellung bei Drewes (1992), S. 941 ff.

Kleine und große Banksünden	
→ unübersichtlich gefaßte Kontoauszüge → unverständliche Briefe → unkoordiniert und lückenhaft beantwortete Reklamationen → fehlerhafte Abrechnungen → schleppende Abwicklung → unpräzise Auskünfte → unnötiges Bank-Chinesisch → fehlende persönliche Ansprache (Name!) → schlechte telefonische Erreichbarkeit	→ Hindernislauf, um an den richtigen Ansprechpartner zu kommen → übertriebene Bürokratie → unfreundliches Verhalten von Mitarbeitern → unflexibles Verhalten → mangelnde Diskretion → häufiger Personalwechsel → lange Wartezeiten → ungünstige Öffnungszeiten → nicht funktionierende Technik → last but not least: überhöhte Konditionen

Abbildung 4: Banksünden

Kurz gefaßt

Kreditinstitute müssen wissen, was ihre Kunden besonders verärgert und was sie besonders zufriedenstellt.

Wichtig sind sowohl komprimierte Informationen aus Kundenbefragungen, Schaltertests u.a. als auch hautnahe Details aus der direkten Kundenberührung. „Stallgeruch ist etwas anderes als ein Bericht darüber."

Qualität in bezug auf Bankleistungen umfaßt ein breites Spektrum von Qualitätsmerkmalen.

Die Erfüllung vieler (operativer) Qualitätsmerkmale stellt für Bank- und Sparkassenkunden lediglich eine Selbstverständlichkeit dar.

Spezielle strategische Qualitätsdimensionen geben den Sparkassen und Banken die Möglichkeit, sich über das Normalmaß hinauszubewegen und sich damit von der Konkurrenz deutlicher abzuheben.

Die entscheidende Qualitätsdimension für Kreditinstitute ist das persönliche Vertrauensverhältnis zum Kunden.

2.4 Vertrauen und Verantwortung

➡ Welche Rolle spielen die Mitarbeiter eines Kreditinstitutes in bezug auf Vertrauen und Qualität?

➡ Was sind die Folgen, wenn individuelle Einflußmöglichkeiten falsch eingesetzt werden?

➡ Welchen Korrekturfaktor gibt es dafür?

➡ Sollen Bank- oder Sparkassenmitarbeiter dienen?

Vertrauen ist gut, Verantwortung ist zwingend! Eine langfristige Kundenverbindung mit dauerhafter Zufriedenheit kann nur über persönliches Vertrauen auf- und ausgebaut werden. Der Aufbau einer Vertrauensbasis ist originäre Aufgabe der Bank- und Sparkassenmitarbeiter. Sie sind Schlüssel zu besserer Qualität, höherer Kundenzufriedenheit und andauerndem Erfolg der Bank. Die Mitarbeiter stellen die eigentliche Qualitätsquelle der Bank dar. Sie haben es in der Hand, in welchem Maß Qualität erbracht wird oder nicht.

Damit verfügen die Bankmitarbeiter sowohl einzeln als auch insgesamt über ein riesiges Einflußpotential, sowohl den Kunden als auch dem eigenen Institut gegenüber. Einfluß – oder auch Macht – ist für sich selbst nichts Schlechtes. Alfred Herrhausen sagte einmal in bezug auf die Macht der Banken generell: „Entscheidend ist nicht die Frage, ob man Macht hat, entscheidend ist die Frage, wie man mit ihr umgeht.“ Dies gilt für die Bank als Ganzes, aber auch für die einzelnen Bankmitarbeiter.

Qualität liegt in der Verantwortung aller.

Können unsere Mitarbeiter, können wir alle richtig mit diesen Möglichkeiten umgehen? Wer Macht oder Einfluß hat, ist der Versuchung ausgesetzt, dieses Potential zu mißbrauchen oder leichtfertig damit umzugehen. Andererseits liegen hier riesige Chancen.

Wer Kredite genehmigen oder ablehnen kann, hat es in der Hand, über Wohl und Wehe eines Unternehmens oder einer Familie zu befinden. Vordergründig trifft seine Entscheidung nur die finanzielle Sphäre. Insgesamt gehen die Auswirkungen viel tiefer, weiter ins Individuelle und Persönliche.

Wer zu riskanten Geldanlagen rät, kann fremdes Geld aufs Spiel setzen und kann Familien zerrütten. Wer gute, der Situation des Kunden angepaßte Anlagevorschläge macht, sorgt für Vermögensvermehrung, aber auch für eine solide finanzielle Basis beim Kunden.

Negativ verlaufene Kundengeschäfte werden in jüngerer Zeit gerne von Publikums- und Verbrauchermedien aufgegriffen. Oft sind diese Darstellungen einseitig verzerrt. Aber sie kratzen auf jeden Fall das Image und das Vertrauenspotential des Bankgewerbes an.

Es ist daher eminent wichtig, daß die Mitarbeiter der Banken und Sparkassen die richtige Einstellung zu ihrer Arbeit und zum Umgang mit Kunden haben. Um Kundenvertrauen aufbauen zu können, muß etwas hinzukommen, was unerläßlich ist: **Verantwortung.**

Kreditinstitute und deren Mitarbeiter müssen ein hohes Maß Verantwortung ihren Kunden und darüber hinaus auch der Öffentlichkeit gegenüber übernehmen. Ohne diese ist es unmöglich, eine Vertrauensbasis zu schaffen. Dazu zählt auch, daß man von Bankleuten eine absolut einwandfreie Moral in bezug auf Gelddinge erwartet. Ihnen werden Dinge anvertraut, die sonst nicht einmal der Beichtvater, geschweige denn irgendwelche Verwandte oder Freunde erfahren.

„Einen guten Banker zeichnet aus,
daß er viel erfährt, viel weiß,
alles zu bewerten versteht
und schweigen kann."

Verantwortung bedeutet auch, Arroganz abzulegen. Wenn man das Sagen über Kreditmittel hat, ist es einfach und so verführerisch, seine Kunden von oben herab zu behandeln. Nicht Herrschen oder Beherrschen, sondern Dienen muß daher die Devise für Banker lauten. Für viele ist es sicher schwierig, wenn nicht sogar unbegreiflich, diesen doch heutzutage nicht mehr gängigen Begriff des Dienens mit dem Bild des modernen Bankers unter einen Hut zu bekommen. Wer will denn noch dienen?

Dienen kommt vor Verdienen. Und wer dies vergißt, wird sich eines Tages sehr schnell umschauen, wo seine Kunden geblieben sind. Mit dieser Haltung ist sicher eine neue Art von Bescheidenheit verbunden. Das soll nicht heißen, daß Unterwürfigkeit gefordert ist, sondern den Kunden und nicht sich selbst in den Mittelpunkt stellen.

Vertrauen ist eine wichtige Basis für Qualität. Und Vertrauen braucht als unabdingbare Voraussetzung ein hohes Maß an Verantwortung beim Bank- oder Sparkassenmitarbeiter. Das bezieht sich auch auf Kollegen, Vorgesetzte und Mitarbeiter. Wer nachlässig arbeitet, tut es zu Lasten der anderen. Potenziert kommt Verantwortung bei Führungskräften zum Tragen. Sie sollten in jeder Beziehung Vorbild sein. An ihnen orientiert man sich.

Kurz gefaßt

Die eigentliche Qualitätsquelle sind die Bankmitarbeiter und ihr Vertrauenspotential bei Kunden.

In den Einflußmöglichkeiten eines Kreditinstitutes bzw. seiner Mitarbeiter liegen riesige Chancen für Kunden, Mitarbeiter und Kreditinstitut.

Diese Chancen können nur freigesetzt werden, wenn über verantwortungsbewußtes Handeln Vertrauen zwischen Bank- oder Sparkassenmitarbeiter und Kunde aufgebaut wird.

Um Vertrauen bilden zu können, muß als zwingende Voraussetzung Verantwortung vorhanden sein.

Verantwortung bedeutet
- einwandfreie Moral in Gelddingen,
- nicht herrschen, sondern dienen,
- noch bescheidener werden,
- Vorbild sein.

2.5 Mit der Sprache fängt es an

- ➡ Welche Bedeutung hat die Sprache für das Bankgeschäft?
- ➡ Fallen Ihnen „Sprachsünden“ aus dem täglichen Geschäft ein?
- ➡ Welche Wirkungen haben Sprachsünden?
- ➡ Wie möchte der Kunde angesprochen werden?

„Sage die gleiche Dummheit – garniert mit einigen amerikanisierten Worten – und Du wirst etwas Wunderbares erleben: Jeder hängt wie gebannt an Deinen Lippen.“

„Wer Dich vorher verlacht hat, wird Dir glauben und Dir blindlings folgen. Dein Wert in der Gesellschaft schnellt sprunghaft nach oben. Die Schar Deiner Anhänger wird riesengroß werden.“

„Also, let's go: Wer jetzt noch von Bankgeschäft redet, muß irre sein, denn Banking sagt zwar das Gleiche, gibt aber viel mehr her. Und wer gar Corporate Finance, Commercial Banking, Investment Banking, Transaction Banking drauf hat, der ist auf seinem Weg an die Spitze der Bank – Verzeihung ins Top-Management – nicht mehr aufzuhalten.“

Doch halt. Nicht so schnell. Dieses Thema ist für Kreditinstitute viel zu wichtig, aber wer achtet darauf?

Sprache prägt das Denken.
Sprache verrät Einstellungen.
Sprache präzisiert Sachverhalte.
Sprache verschleiert.
Sprache schafft emotionale Beziehungen.
Sprache diskriminiert.

Sprache hat sehr viele Funktionen. Im Bankgeschäft hat sie überragende Bedeutung, da Bankprodukte kommuniziert und nicht gegenständlich weitergegeben werden. Sprache als solche ist allerdings etwas völlig Selbstverständliches und wird daher in ihren Wirkungen zu wenig beachtet. Sprache ist aber enorm wichtig, wenn es um Verantwortung und Vertrauen zwischen Bank und Kunde geht. Dies gilt sowohl für das gesprochene als auch für das geschriebene Wort.

Das beamtenhafte Bankendeutsch der Vergangenheit hatte stark obrigkeitliche Züge. Einiges vom Ausdruck und manchmal auch vom Denken ist bis heute erhalten geblieben. Wie oft taucht noch die „Schalterhalle“ auf, in der „Mengenkunden“ hoffentlich nicht abgefertigt werden, oder es werden „Kredite gewährt“ und „Einlagen (gnädig!) angenommen“. Jeder weiß sofort, wo „oben“ und wo „unten“ ist.

Sprache prägt das Denken und damit auch das Handeln. So darf es nicht verwundern, wenn dem unbedacht ausgesprochenen Wort die gleich gelagerte, aber dann eben doch falsche Tat folgt.

Das heutige Banking-Deutsch, das mehr Englisch-Amerikanisch ist, bezeugt die Internationalisierung der Banking-Industry. Der moderne Banker ist hierin zuhause. Wenn er „hedgen“ und „swapen“ kann, fühlt er sich wohl. Tun's auch seine Kunden?

Zwischen diesen beiden Polen der traditionellen und der modernen Banksprache bewegen wir uns heute mit fließenden Übergängen. Bankmitarbeiter müssen zukünftig ihre Sprache verantwortungsbewußt einsetzen, um Vertrauen gewinnen zu können.

Unser Bankwortschatz ist viel größer als der „normaler“ Leute. Aber keiner wird nach einer Anlageberatung zuhause im Lexikon nachschauen, was das Bank-Chinesisch bedeutet, das er eben gehört hat. Wenn er es dann überhaupt noch weiß. Oder wird er sich hinsetzen und einen Brief von seiner Bank übersetzen?

Kaum ein Kunde bittet im Beratungsgespräch, ein nicht geläufiges Wort zu erläutern. Er will sich nicht blamieren. Im Zweifel wird er also raten und vermutlich falsch raten. Soll er besser Blue Chips oder Junk-Bonds nehmen? Oder ist er besser dran mit einem Umbrella-Fonds, der sich mit seiner Performance trotz hochvolatiler Märkte in einer beachtlichen Range halten kann?

Mißverständnis und Verwirrung können auch erzeugt werden, wenn Codewörter oder Abkürzungen gebraucht werden. An ec-Schecks haben sich die meisten Kunden inzwischen gewöhnt. Doch was ist mit pos, TAN, PIN, elco, usw.?

Bewegt sich unser Kunde auf dem gleichen Level, könnte ein interessantes Gespräch unter Fachleuten entstehen. Ansonsten ist es eher möglich, daß der Kunde unsere Fragen und Erläuterungen nicht versteht und damit eingeschüchtert oder verärgert wird. Beide Reaktionen sind fatal. Einschüchterung bewirkt Angst und schränkt die Aufnahmefähigkeit eines Menschen ein.

Verärgerung kann die gemeinsame Kommunikationsbasis zerstören. Wenn dann noch weitere Sprachsünden hinzukommen wie zu schnelles, zu leises Sprechen, mehrdeutige Aussagen, zu wortreiche Erklärungen, wird der Kunde gelangweilt, gereizt oder uninteressiert. Die Kauffreude sinkt, und er wird froh sein, schnell wegzukommen.

Der Bankmitarbeiter muß deshalb ein breites Kommunikationsspektrum parat haben. Er will etwas vom Kunden, daher muß er sich auf ihn einstellen. Je nach Alter, Bildung, Berufszugehörigkeit und sozialer Schicht wird sehr Unterschiedliches gefordert. Ein Arzt oder Rechtsanwalt will anders angesprochen werden als ein Handwerker, ein 60jähriger anders als ein 16jähriger.

Heute, wo alles immer komplizierter, schwerer begreiflich wird, kommt es darauf an, komplexe Sachverhalte einfach und klar darzulegen. Es ist verführerisch, einfache Dinge kompliziert auszudrücken, denn dann wirkt es viel eindrucksvoller. Wir sind in dieser Richtung vorbelastet, denn unsere Schulen und Universitäten kultivieren diese Denkhaltung.

Verantwortungsvolles Bankgeschäft betreiben heißt heute, sprachliche und damit auch geistige Barrieren zwischen Kreditinstitut und Kunde zu überwinden. Komplexe Sachverhalte sind einfach darzustellen, modischer Schnickschnack darf nicht übertrieben werden. Der Mitarbeiter muß sich auf das Niveau des Kunden einstellen. Vertrauensfördernd wirkt es, wenn zu den nüchternen, sachlichen Bankdingen ein gewisses Maß an menschlicher Wärme und Ausstrahlung hinzutritt.

Kurz gefaßt

Da Bankprodukte kommuniziert werden, ist es ganz wichtig, wie Sprache eingesetzt wird.

Sprache prägt unser Denken und Handeln.

Im täglichen Geschäft schleichen sich aus Unachtsamkeit, Geltungsdrang und Arroganz schnell kleine Sprachsünden mit großer Wirkung ein.

Beim Kunden entstehen daraus Angst, Mißverständnisse, Verwirrung und Verärgerung mit entsprechend negativen Konsequenzen für die Bankverbindung.

Kunden wollen auf ihrem Niveau angesprochen werden.

Komplexe Banksachverhalte sollten möglichst einfach dargestellt werden.

Sprache verantwortungsbewußt eingesetzt, baut Barrieren zwischen Kunde und Bankmitarbeiter ab und stärkt die Vertrauensbasis.

„Wenn Banker heute auf einem „meeting" über den „turnaround" bei den „profit margins" diskutieren, der möglichst ohne „time lag" auftreten sollte, da sonst das „balance sheet" mit schlechteren „ratings" und „ratios" dasteht, dann muß man die Erfolgsaussichten der Bundesregierung, der deutschen Sprache zumindest in der EU-Kommission mehr Gehör zu verschaffen, wohl skeptisch beurteilen."

Hilmar Kopper

2.6 Jeder Kontakt ist ein Augenblick der Wahrheit

➡ Wie viele Berührungen hat ein Kunde während eines Jahres zu seiner Bank oder Sparkasse?

➡ Ist Ihnen bewußt, daß es auch ohne direkten Kontakt eine Vielzahl von Berührungspunkten zwischen Kreditinstitut und Kunde gibt?

- ➡ Was geht in Ihnen vor, wenn Sie den Eindruck haben, „abgefertigt“ statt bedient oder beraten zu werden?
- ➡ Wie muß ein Telefonat verlaufen, damit es ein gutes Gefühl bei Ihnen hinterläßt?

Ein Geschäft in der Innenstadt, Donnerstag, 19.51 Uhr. Die Kundschaft stöbert, trödelt, probiert an oder aus, wähnend, sie habe noch fast 40 Minuten Zeit. Da geht der Herr Substitut unabsichtlich gezielt auf die ersten Stöberer zu. „Sie finden, was Sie suchen?“ fragt er, und unüberhörbar schwingt ein Unterton mit: „Bewegt Euch Leute, und kommt zur Sache, sprich Kasse.“ Dann wendet er sich dem Personal zu: „Ihr schafft es vollends allein, Mädels?“ Die Mädels nicken gelangweilt. Substitut ab.

Dieser Abriß stammt aus der Kolumne einer Tageszeitung. Überschrift: Ein König ohne Thron. Sie fragen sich, was das mit Qualität bei Banken zu tun hat? Zunächst nichts. Bei genauerem Hinsehen aber sehr viel. Spielen sich ähnliche Szenen nicht auch in Kundenhallen von Kreditinstituten ab, vorzugsweise kurz vor Feierabend? Sicher, es geht hier nicht um ausgedehnte Einkaufsfreuden, aber vielleicht um langwierige, aufwendige Beratungen mit unentschlossenen Kunden.

Was für den Berater eines unter vielen Geschäften an diesem Tag ist, hat für den Kunden große Bedeutung, weil es um mitunter weitreichende finanzielle Entscheidungen geht. Etwa, wenn geklärt werden soll, welche monatliche Belastung im Rahmen einer Baufinanzierung tragbar ist und welche Zinsbindungsdauer in Frage kommt. Die Beratung stellt damit ein Qualitätserlebnis ersten Ranges für den Kunden dar. Wie muß es auf ihn wirken, wenn sein Gegenüber mit Blick auf die Uhr nur noch kurz angebunden ist und mit subtiler Gestik auf eine Entscheidung drängt? Schnell vergessen sind dann möglicherweise die gut verlaufenen Vorgespräche und die hervorragenden Konditionen.

Der Qualitätseindruck beim Kunden setzt sich, gleich einem Puzzle, aus vielen einzelnen Bausteinen zusammen. Nicht die einmalige gute Betreuung ist ausschlaggebend, sondern das Gesamtbild, das bei einer Vielzahl von Einzelanlässen entsteht. Stimmig ist dieses Bild nur, wenn Qualität bei jedem direkten oder indirekten Kontakt mit der Bank bzw. Sparkasse geboten wird.

Dieser beschränkt sich keineswegs auf die sicher außerordentlich bedeutsamen persönlichen Beratungsgespräche. Auch Telefonate sind nicht immer dazu angetan, ungetrübte Kundenzufriedenheit hervorzurufen. Wer hat sich nicht schon darüber geärgert, nach mehrfachem Weiterverbinden und ebenso häufigem Vortragen des Anliegens schließlich doch noch beim nicht zuständigen Sachbearbeiter gelandet zu sein. Eine Kleinigkeit und außerdem durchaus üblich? Wieviel Zeit und Energie könnten – für beide Seiten – gewonnen werden, wenn dem Kunden ein baldiger Rückruf zugesagt und der zuständige Ansprechpartner dann intern ermittelt würde. Ganz zu schweigen von der Möglichkeit, durch entsprechende Vorbereitung, etwa einer Akteneinsicht, noch fundiertere Auskünfte geben zu können.

Ein noch nicht überall üblicher, aber gerade deshalb besonders wirksamer Weg, Qualitätspunkte bei Kunden zu sammeln. Vorausgesetzt natürlich, daß der zugesagte Rückruf auch erfolgt und Absprachen, z. B. die Zusendung eines Angebots oder einer Zins- bzw. Guthabenbescheinigung, eingehalten werden.

„Es ist nicht genug, zu wissen,
man muß auch anwenden,
es ist nicht genug zu wollen,
man muß auch tun."

Goethe

Ähnlich verhält es sich mit schriftlichen Anfragen. Qualität äußert sich hier nicht nur in der sachlich richtigen – und sprachlich einwandfreien – Beantwortung eines Briefes, sondern auch in möglichst kurzen Reaktions- oder Bearbeitungszeiten.

Besonderes Augenmerk muß der prompten und zuverlässigen Erledigung von Reklamationen gelten. Die „Ansteckungsgefahr" bei unbeteiligten Kunden und Nichtkunden ist sonst groß, die daraus resultierenden Imagewirkungen können verheerend sein. Abgesehen davon sind Beschwerden vielfach Wegweiser hin zu Schwachstellen und sollten daher als Impulsgeber für Verbesserungen ernstgenommen werden.

Neben den direkten Kontakten gibt es noch eine Vielzahl weiterer Berührungspunkte zwischen Bank und Kunde. Rückschlüsse auf Qualität lassen auch sämtliche Prospekte, Anzeigen, Hörfunk-Spots und sonstige Medien zu. Der Leser/Hörer merkt sehr schnell, mit welcher Sorgfalt dabei gearbeitet wurde. Konkrete Qualitätsdimensionen sind z. B. Sprachstil, Grammatik, Rechtschreibung und Zeichensetzung, die Durchgängigkeit der Werbelinie und – nicht zu vergessen – das vollständige Ausräumen von Druckfehlern.

Registriert wird außerdem, ob es sich um die ewig gleichen Botschaften handelt, oder ob immer wieder durch neue Ideen Aufmerksamkeit geweckt werden soll.

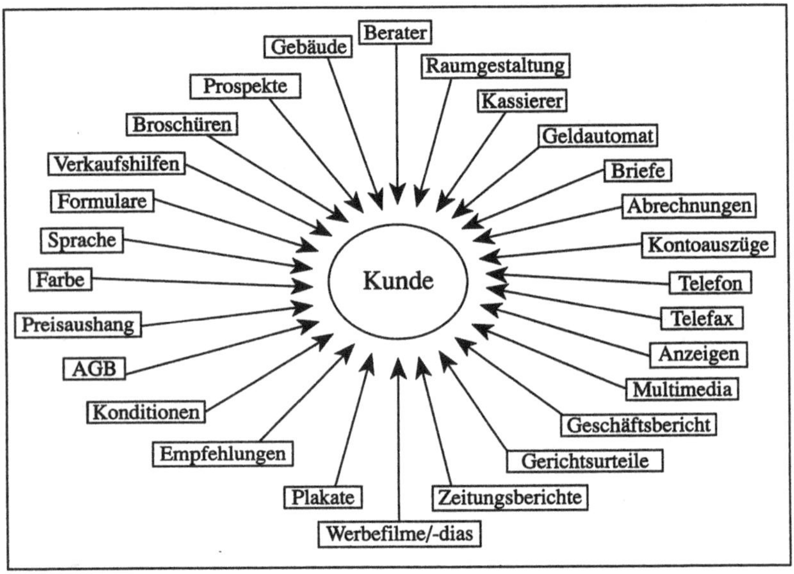

Abbildung 5: Die Erlebniswelt des Bankkunden

Auch sämtliche Aktionen im Rahmen der Öffentlichkeitsarbeit werden an Maßstäben wie Kreativität und Durchdachtheit der Organisation gemessen. Was nützt die tollste Veranstaltung, wenn die Einladungen zu kurzfristig verschickt wurden oder gar an eine völlig falsche Zielgruppe gingen. Lange währt oft ebenso die Erinnerung an einen zu knapp bemessenen Imbiß. Umgekehrt wird eine noch so ausgeklügelte Organisation keine Lorbeeren ernten, wenn es an inhaltlichen Glanzlichtern mangelt. Kundenseminare, perfekt organisiert, aber mit starrem Ablauf nach Schema F und zu nur in Nuancen variierenden Themen verlieren irgendwann ihre Anziehungskraft.

Insgesamt wird deutlich, wie vielfältig die Erlebniswelt der Kunden – und solcher die es werden sollen – im Hinblick auf ihre Bankverbindung ist. Qualität hat viele Facetten, zwischen denen oft ungeahnte, aber teils folgenschwere Zusammenhänge hergestellt werden.

Es sind nicht allein die großen Dinge, etwa Kreditverhandlungen über Millionenbeträge, bei denen Qualität zum Tragen kommt. Bedeutend und folgenschwer sind oft Kleinigkeiten – einzeln oder in der Summe.

Oder sind Kleinigkeiten Hinweise, daß noch mehr nicht in Ordnung ist?

„Kaffeeflecken auf den Klapptischen im Flugzeug bedeuten für die Passagiere, daß wir unsere Maschinen nicht richtig warten."

Don Burr

Häufig im Leben ist es vermeintlich Unwichtiges, das radikale Wirkungen nach sich zieht. Es ist also enorm wichtig – gerade für Kreditinstitute, die auf ein partnerschaftliches Vertrauensverhältnis bauen – die vielen Kleinigkeiten zu beachten. Jede dieser Nebensächlichkeiten ist im Prinzip ein Augenblick der Wahrheit.[1]

Wieviele solcher Augenblicke gibt es täglich? Und alle diese täglichen Kleinigkeiten, Unwichtigkeiten, Nebensächlichkeiten müssen – zusammen mit den großen Dingen – ausdrücken, daß die Qualität stimmt.

Quality Banking heißt daher nicht, eine Sache 1000 % besser zu machen, sondern 1000 Sachen um 1 %.

---

1) Vgl. Peters/Austin (1986)

Kurz gefaßt

Qualität setzt sich aus unzähligen Bausteinen zusammen.

Punktuelle Anstrengungen genügen nicht, seien sie auch noch so bedeutend. Stimmen muß das Gesamtbild, das bei einer Vielzahl von Einzelanlässen entsteht.

Egal, ob es sich um persönliche, telefonische oder schriftliche Kontakte handelt: Jeder davon ist für Kreditinstitut und Kunde ein Augenblick der Wahrheit.

Berührungspunkte zwischen Bank bzw. Sparkasse und Kunde gibt es auch ohne direkten Kontakt, z. B. über Werbung und Öffentlichkeitsarbeit. Auch diese zählen.

„Nichtqualität" in Teilbereichen kann dramatische Auswirkungen auf andere Qualitätsdimensionen haben.

Kapitel 3

Aufbruch zu neuen Ufern

„Die Fähigkeit, sich Neuem zuzuwenden, setzt die Fähigkeit voraus, sich vom Bisherigen zu lösen“

Wilhelm Zauner

3.1 Auf dem Weg zum totalen Qualitätsmanagement

- Wie hat sich unternehmerische Qualitätspolitik entwickelt?
- Sehen Sie Unterschiede in der Qualitätshaltung zwischen Industrie und Kreditinstituten?
- Was haben DIN-Normen mit Qualität zu tun?
- Wie sind die intensiven Kontrollen bei Banken und Sparkassen in bezug auf Qualität zu beurteilen?

Unternehmerische Qualitätspolitik hat sich historisch gesehen in drei Phasen entwickelt. Die Industrie war jeweils der Vorreiter, wobei das japanische Vorbild immer diese Bewegung dominierte.

Zu Beginn der Entwicklung war das Qualitätswesen darauf ausgerichtet, durch strenge Kontrollen die Qualität der Produkte zu sichern. Fehler wurden damit allerdings nicht vermieden. Sie wurden nur durch Meß- und Prüfvorgänge festgestellt und konnten mit zusätzlichem Aufwand für Nacharbeiten beseitigt werden.

Kontrollen können jedoch nur aufdecken, was geschehen oder falsch gelaufen ist. Sie zeigen nicht, wie es besser geht.

Dieses reine Inspektions- oder Kontrollsystem hat große Nachteile. Die Anstrengungen der Mitarbeiter im laufenden Produktionsprozeß lassen nach. Sie wissen ja, daß die abschließende Kontrolle alles in Ordnung bringen wird. Die Fehlerzahl nimmt damit eher zu, es sei denn, man greift zu Sanktionen. [1] Diese führen zu weiteren Kontrollen, so daß eine verhängnisvolle Spirale entsteht.

Die logische Konsequenz aus diesen Nachteilen war, Qualitätssicherung schon in den laufenden Produktionsprozeß zu integrieren. In diesem sog. Quality Control System bekam das Vermeiden von Fehlern Vorrang vor der nachgelagerten Fehlerbeseitigung. Die Fehlervermeidung sollte schon sehr früh in den betrieblichen Abläufen beginnen. Das bedeutet, daß auch

1) Vgl. Ishikawa (1985), S. 86 ff.

die Entwicklungsprozesse und die Einkaufsvorgänge in das Qualitätssystem einbezogen wurden.

Folgerichtig führt der nächste Schritt zum Total Quality Management System (TQM), in anderer Bezeichnung auch Company Wide Quality Control (CWQC) genannt. Diese am weitesten entwickelte Form des Qualitätsmanagements beinhaltet die Forderung nach einer völligen Durchdringung eines Unternehmens mit totalem Qualitätsdenken.

Nach dieser Auffassung muß sich Qualität in den Köpfen aller Beteiligten entwickeln. Als großes Vorbild werden dazu immer wieder japanische Unternehmen angeführt. Es ist jedoch gefährlich, wegen der unterschiedlichen Kulturen und Denkhaltungen, japanische Qualitätssysteme einfach zu übernehmen. Wir müssen japanisches Qualitätsdenken kapieren und dürfen nicht nur deren Systeme kopieren.

In Deutschland wurde die Idee der Qualität und der Qualitätssicherung besonders im Industriebereich aufgegriffen und vorangetrieben. Daraus resultierte die Entwicklung eines Normensystems, das internationale Geltung besitzt.

Besonders die Normen DIN ISO 9000 – 9004 können den Auf- und Ausbau betrieblicher Qualitätssicherungs- oder sogar Qualitätsmanagementsysteme unterstützen. [1] Ziel ist, über Qualitätsnachweise und -verbesserungen die Wettbewerbsposition zu stärken. Qualitätszertifikate und Qualitätspreise spielen dabei in der Industrie eine große Rolle.

Im Dienstleistungssektor können die DIN-Normen ebenfalls angewendet werden. Der Verbreitungsgrad liegt deutlich hinter dem der Industrie zurück. Das Bankgewerbe hat sich bisher kaum mit diesen Normen und deren Umsetzung beschäftigt. Lediglich von den französischen Banken ist bekannt, daß sie Qualitätsaktivitäten nach DIN-Norm verfolgen. [2]

Das deutsche Kreditgewerbe war schon immer sehr stark kontrollorientiert. Die Kontrollen bei Banken und Sparkassen hatten jedoch eine andere Zielrichtung. Sie waren darauf ausgerichtet, das Kreditinstitut vor Schaden zu bewahren und weniger, dem Kunden eine Qualitätsleistung zu erbringen.

---

1) Vgl. Jacobi (1993), S. 142 ff.
2) Vgl. Schmid (1992), S. 28

Zunehmend setzt sich jedoch die Auffassung durch, die Zahl der Fremdkontrollen zu reduzieren und durch Selbstkontrollen und automatisierte technische Kontrollen zu substituieren.

Allerdings sind Qualitätskontrollen bei unstofflichen Bankleistungen auch wesentlich schwieriger als bei materiellen Produkten. Die bisher intensiven internen Kontrollen bei Kreditinstituten könnten jedoch eine Tendenz zur Bürokratisierung und eine eher innenorientierte Qualitätshaltung bei den Mitarbeitern begünstigt haben. Das könnte bedeuten, daß die Defizite im Qualitätsdenken bei Banken heute noch größer sind als im Industriesektor.

Über Qualität bei Banken und Sparkassen wird heute viel gesprochen, in der Literatur sehr viel dazu geschrieben. Wie sieht aber die Wirklichkeit aus? Sicher nicht so schlimm, wie manche Berichterstattung vermuten läßt.

Doch die Veränderungen erfolgen nur zögerlich. Angesichts der zunehmenden Angriffe durch die Medien wäre eine offensivere Haltung des Kreditgewerbes dringend angeraten.

Die umfassende Qualitätsausrichtung von Banken und Sparkassen ist gefordert. Nicht eine zusätzliche Kontrollstelle, sondern totales Qualitätsmanagement. Dies ist eine kräftezehrende, anstrengende Angelegenheit, ein langwieriger, nie endender Prozeß. Beeindruckende Ergebnisse sind kurzfristig nicht sichtbar. Daher ist eine langfristig angelegte Strategie notwendig mit umfassender Einbeziehung aller Qualitätsaspekte.

Kurz gefaßt

Unternehmerische Qualitätspolitik hat sich in drei Phasen entwickelt:
- Qualitätsüberprüfung des Leistungsergebnisses (Inspektionssystem)
- Qualitätssicherung im Leistungserstellungsprozeß (Quality-Control-System)
- Umfassendes Qualitätsmanagement (Total-Quality-Management-System).

Vor allem in der Industrie haben umfangreiche Qualitätsnormen nach DIN-Norm Fortschritte in der Qualitätsverbesserung bewirkt.

Die intensiven bankinternen Kontrollen behinderten in der Vergangenheit fortschrittliches, nach außen orientiertes Qualitätsdenken.

Banken und Sparkassen brauchen eine offensive Qualitätshaltung.

Totales Qualitätsmanagement ist ein langfristiger, nie endender Prozeß, der kurzfristig keine spektakulären Ergebnisse erwarten läßt und daher nur strategisch angegangen werden kann.

3.2 Erwartungen und Realitäten

➡ Was beeinflußt die Qualitätserwartung eines Kunden?

➡ Wo treffen sich die Erwartungen der Kunden mit den Qualitätsvorstellungen des Bankmanagements?

➡ Können die Vorstellungen des Bankmanagements in effektive Leistungen umgesetzt werden?

➡ Erfüllen diese Leistungen die Qualitätserwartungen der Kunden?

➡ Verspricht die Bank oder Sparkasse das, was sie auch halten kann?

„Als private Kundin Ihres Hauses bin ich von der ... noch nie enttäuscht worden und immer wieder angetan von der Freundlichkeit und Hilfsbereitschaft der Mitarbeiter(innen) der Zweigstelle ...“. „Sie dürfen sicher sein, daß ich Ihre Bank nicht mehr weiterempfehlen werde, da Ihr Kundenservice wirklich zu wünschen übrig läßt."

Wie ist es möglich, daß der eine Kunde völlig zufrieden ist mit seinem Kreditinstitut und der andere völlig unzufrieden? Kann es sein, daß die Textpassagen das gleiche Institut betreffen und die beiden Briefe fast gleichzeitig geschrieben wurden?

Hinter diesem Phänomen sind sehr komplizierte intra- und interindividuelle Zusammenhänge verborgen. Vereinfacht gesehen geht es darum, daß die Kunden einer Bank oder Sparkasse bestimmte Erwartungshaltungen in bezug auf die Qualität der Leistungserstellung haben. Zwischen ihnen und der tatsächlich wahrgenommenen Qualität kann es zu positiven oder negativen Diskrepanzen kommen, die entsprechende positive oder negative Kundenrückmeldungen bewirken.

Diese Wirkungszusammenhänge sind grundlegend für den strategischen Aufbau einer Qualitäts-Management-Konzeption. Daher wollen wir anhand des sog. GAP-Modells die wesentlichsten Zusammenhänge und Gaps skizzieren. [1)]

Aus der modellhaften Darstellung können wir die fünf wesentlichen Diskrepanzen, Lücken oder Gaps erkennen (siehe Abbildung 6).

1.) Die Leistungsqualität, die der Kunde erwartet, ist nicht die, die er wahrnimmt.

Die primäre und eigentlich entscheidende Diskrepanz resultiert aus den Erwartungen des Kunden und der von ihm tatsächlich wahrgenommenen Qualität. Seine Erwartungen sind keine dauerhaft festen Vorstellungen. Sie werden beeinflußt von den bisherigen Erfahrungen mit seinem Kreditinstitut sowie – dies in zunehmendem Maße – den Erfahrungen mit anderen Banken oder Sparkassen und darüber hinaus den Erfahrungen mit anderen Unternehmen, z. B. Kaufhäusern oder privaten Finanzvermittlern.

Dabei bestimmen die individuellen Bedürfnisse eines Kunden, wo er besonders empfindlich ist oder welche Ereignisse ihn unberührt lassen. Ein nicht zu unterschätzender Faktor für die Erwartungshaltung ist die Mund-

---

1) Vgl. dazu etwa: Stauss und Hentschel (1991), S. 242 f.; Schiller (1993) (in Anlehnung an Parasuraman/Zeithaml/Berry)

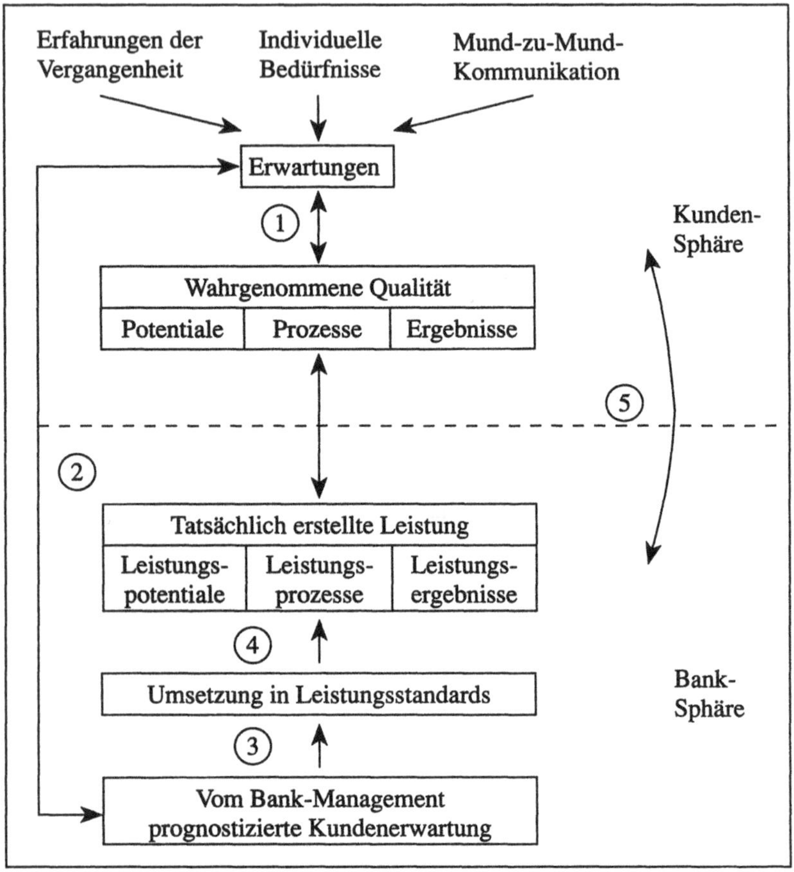

Abbildung 6: Das GAP-Modell der Qualität

zu-Mund-Kommunikation. Heute werden in steigendem Maß Erfahrungen untereinander ausgetauscht, ob beim Kegelabend, am Stammtisch oder bei nur zufälligen Zusammentreffen. Wie gerne werden dabei, um das eigene Ich wirkungsvoll in Szene zu setzen, Tatsachen überzeichnet. So ergibt sich aus der Summe vielfältiger Einflußmöglichkeiten die Erwartungshaltung von Bankkunden, die zurückhaltend oder übersteigert sein kann.

Diese wird unmittelbar konfrontiert mit der Wirklichkeit, wenn der Kunde die Bank betritt. Je größer die Erwartungen, desto größer ist die Gefahr für Enttäuschungen. Die Erwartungen der Bankkunden sind heute schon hoch, sie werden weiter steigen. Das heißt für Banken und Sparkassen, daß sie immer größere Anstrengungen unternehmen müssen, diesen Erwartungen gerecht zu werden.

Das was der Kunde wahrnimmt, ist weder objektiv noch intersubjektiv, aber auch nicht intrasubjektiv eindeutig. Wahrnehmung ist ein subjektiver Prozeß, der sehr stark von der Erfahrung und der augenblicklichen Situation abhängt. Die Vielzahl der auf das Individuum einströmenden Informationen wird auf das augenblicklich Bedeutende reduziert.

> *„Es kommt in der Wirklichkeit nichts vor, was der Logik streng entspräche."*
>
> *Friedrich Wilhelm Nietzsche*

Der Bankkunde, der noch den Banküberfall im Fernsehkrimi vor Augen hat, wird anderes bemerken, wenn er die Bank betritt, als derjenige, der gerade gelesen hat, daß die Bankgebühren steigen werden.

Es bringt erhebliche Schwierigkeiten mit sich, aus den individuell differierenden Wahrnehmungen der Bankkunden das herauszufiltern, was für sie und damit für die Bank auch nachhaltig wichtig ist.

2.) Bankkunden erwarten unter Qualität etwas anderes, als Banker meinen

Der zweite Unterschied besteht zwischen den Erwartungen der Kunden und den Vorstellungen des Bankmanagements über diese Erwartungen.

Es ist äußerst gefährlich zu glauben, daß die Art und Weise, wie eine Bank oder Sparkasse selbst Qualität sieht, etwas mit der Sichtweise ihrer Kunden zu tun hat.

Wie oft hört man in internen Besprechungen, was der Kunde angeblich alles will. Unsere Leistungsangebote werden daher immer komplizierter. Wir sollten jedoch nicht davon ausgehen, daß der Kunde etwas will, was er nicht versteht. Und manchmal verstehen Bankmitarbeiter selbst nicht mehr, was sie anbieten. Wie erfreut uns ein Fotoapparat, an dem wir durch Drehen und Drücken 1000 verschiedene wundervolle Anwendungsmöglichkeiten haben könnten, wir aber nach 50 Seiten entnervt die Bedienungsanleitung weglegen, weil wir sie nicht begriffen haben und noch 150 Seiten vor uns liegen. Ist es bei Bankleistungen nicht ähnlich?

Das bedeutet für das Bank- oder Sparkassenmanagement, genauer erfahren zu müssen, was die Kunden wollen. Marktforschungsmethoden können helfen, die vorhandene Lücke zu überwinden.

„Früher brauchten Unternehmer Wagemut und Augenmaß. Heute brauchen sie Marktforschung und Werbeagenturen."

Helmut Schmidt

Nicht nur anonyme Methoden, sondern vielfältige Arten der Kommunikation zwischen Management und Kunden, aber auch mit Kundenbetreuern können uns Aufschluß geben.

Wie viele Anregungen kann man aufnehmen bei Gesprächen mit Kunden, nicht nur bei der Beratung selbst, sondern z. B.bei Kundenveranstaltungen oder bei zufälligen Zusammentreffen. Wie oft wird man angesprochen auf diese oder jene Kleinigkeit, die den Kunden stört. Man muß offen sein für die Signale und lernen, mit der Wahrnehmung des Kunden zu denken.

3.) Was das Bankmanagement unter Qualität versteht, ist nicht das, was in Leistungsstandards umgesetzt wird.

Selbst wenn das Bankmanagement die Erwartungen der Kunden genau aufnehmen könnte, ergeben sich weitere Diskrepanzen bei der Umsetzung dieser Erwartungen in Leistungen und Service. Zum ersten sind Kundenerwartungen selten eindeutig festgelegt. Zum zweiten gibt es bankinterne oder von außen auferlegte Anforderungen oder Beschränkungen, welche den Kundenwünschen entgegenstehen. Ohne tiefer ins Detail zu gehen, können etwa KWG-Anforderungen oder die Auflagen der UVV-Kassen angeführt werden.

Zusätzlich muß mit erheblichen Umsetzungs- und Abstimmungsproblemen innerhalb der Bank oder Sparkasse gerechnet werden, bis letztlich Leistungsstandards definiert sind.

„Es geht nicht!“, ist wohl eine der häufigsten Aussagen im Bereich dieses Gaps. Dahinter stehen unausgesprochen, aber mehr oder weniger deutlich Wünsche, Ängste, Provokationen oder ganz schlicht Notwendigkeiten, so daß es auch heißen könnte: „Ich kann nicht“, „Ich darf nicht“, „Ich will nicht“, „Ich weiß nicht“.

4.) Die definierten und beschlossenen Qualitätsmerkmale weichen erheblich ab von der dem Kunden tatsächlich erbrachten Leistung.

Die vierte Lücke bringt zum Ausdruck, daß zwischen den definierten Leistungsstandards und der tatsächlich erbrachten Leistung erhebliche Unterschiede bestehen können. Die Diskrepanzen beginnen bei der Individualität der einzelnen Mitarbeiter.

Es gibt Mitarbeiter, die eine Vorliebe für bestimmte Bankleistungen haben und diese daher primär anbieten, andere dafür vernachlässigen. Es gibt Mitarbeiter, die flexibler ihre eigenen Verhaltensroutinen überspringen als andere.

Für die von Banken eingesetzte Technik gilt ähnliches. Es gibt Geldautomaten, die ausfallen. Es gibt Programme, die nicht zuverlässig arbeiten.

Nicht nur der einzelne Mitarbeiter oder die Technik dürfen als solche isoliert gesehen werden. Das Zusammenspiel aller ist wie in einem Konzert zu arrangieren. Angefangen von der Auswahl und dem richtigen Einsatz der Mitarbeiter und der Technik bis hin zur effizienten Führung und Kommunikation trägt alles dazu bei, die Diskrepanzen in diesem Feld zu minimieren.

5.) Was in der Werbung versprochen wird, ist nicht das, was ausgeführt wird.

Eine letzte Lücke ergibt sich, wenn die tatsächliche Leistung abweicht von dem Anspruch, den die Bank selbst aufgebaut hat. Über die externe Kommunikation, also insbesondere über Werbung und Öffentlichkeitsarbeit lassen sich gefährlich überhöhte Erwartungshaltungen bilden. Was wird heute alles in bunten Anzeigen und brillant formulierten Werbespots versprochen? Das Kreditgewerbe setzt insgesamt riesige Summen für Werbung und PR ein. Doch wie ernüchtert sind diejenigen Kunden, die vom Werbehimmel unvermittelt ins Realitätsloch fallen?

Hochglanzbroschüren und bürokratische Formulare. Marmorfassaden und schmuddelige Schreibunterlagen auf dem Tresen. Blonde Strahlemädchen aus der Illustrierten und der brummige Kassierer. Zwei Welten? Nein. Es ist ein und dieselbe Bank, aber auch ein und derselbe Kunde, den diese gegensätzlichen Informationen treffen wie die Peitsche nach dem Zuckerbrot.

Viel versprechen und wenig leisten wird höchstens kurzfristig Scheinerfolge bringen. Dauerhaften Erfolg erzielt nur die Bank, die weniger verspricht und mehr leistet, als ihre Kunden erwarten.

Die dargestellten fünf Gaps zeigen die Schwachstellen auf, mit denen das Qualitätsmanagement einer Bank konfrontiert ist. Hieraus ergibt sich eine Vielzahl von Anhaltspunkten und Anregungen als Basis einer effektiven Qualitätsstrategie.

Kurz gefaßt

Bei jeder Bank oder Sparkasse gibt es zufriedene und unzufriedene Kunden. (Hoffentlich sind die letzteren in der Minderheit.)

Im Kommunikationsgeflecht zwischen Kunde und Kreditinstitut und innerhalb des Kreditinstituts existieren einige Diskontinuitäten oder Brüche, die Qualitätsprobleme auslösen können.

Das sog. GAP-Modell stellt diese Beziehungen und die möglichen „Lücken" dar. Es hilft, die komplexen Zusammenhänge zu erfassen und dient als Basis einer umfassenden Qualitätsstrategie.

Im wesentlichen ergeben sich fünf Gaps:

- Die Leistungsqualität, die der Kunde erwartet, ist nicht die, die er wahrnimmt.
- Bankkunden erwarten als Qualität etwas anderes als Banker meinen.
- Was das Bankmanagement als Qualität versteht, ist nicht das, was in Leistungsstandards umgesetzt wird.
- Die definierten und beschlossenen Qualitätsmerkmale weichen erheblich ab von der dem Kunden tatsächlich erbrachten Leistung.
- Was in der Werbung versprochen wird, ist nicht das, was ausgeführt wird.

3.3 Ohne Konzeption geht es nicht

- Wie kann eine Qualitätskonzeption erarbeitet werden?
- Wie wird die Umsetzung überwacht?
- Wie ist der Einfluß von Schlagworten und Modetrends von Notwendigem zu unterscheiden?
- Nach welchen Regeln sollte die Qualitätskonzeption einer Bank oder Sparkasse gestaltet sein?

Nach dem Muster „Je dünner das Konzept, desto dicker das Papier" wurde schon manche Mißerfolgsgeschichte geschrieben. Qualitätsstrategien sind davon nicht ausgenommen. Schon mancher gute Ansatz wurde in einer Flut Papier erstickt. Deshalb ist Vorsicht geboten vor zu umfangreichen, zu ausgefeilten, zu glänzenden Konzeptionen. Sie mögen vom wissenschaftlichen oder theoretischen Standpunkt aus betrachtet einwandfrei sein. Doch sie helfen nur dann, wenn sie Wegweisungen für die tägliche Arbeit geben und uns nicht dabei behindern.

Konzeptionen müssen sein. In Anbetracht riesiger Stabsabteilungen bei Banken und Sparkassen besteht jedoch die große Gefahr, daß zu viele Kräfte für konzeptionelle Arbeiten tätig sind. Daher neigen wir zu einer mehr hemdsärmeligen Vorgehensweise, die mehr Wert auf die Umsetzung und Realisierung legt. Jede Aktion ist wertvoller als eine weitere Untersuchung oder ein zusätzlicher Ausschuß.

Kernpunkt ist nicht das – relativ einfache – Konzept, sondern die praktische Umsetzung. Daher darf die Konzeptionsentwicklung nur 5 % der ganzen Anstrengung ausmachen. 95 % müssen der konkreten Umsetzung gewidmet werden.

Weniger ist mehr. Deswegen wird die beste Konzeption auch die sein, die am wenigsten Papier erfordert. Wer will sich noch um seine Kunden bemühen, wenn er seine Kräfte beim Überwinden des Papierberges verbraucht hat?

„Was nicht auf einer einzigen Manuskriptseite zusammengefaßt werden kann, ist weder durchdacht noch entscheidungsreif."

Eisenhower

In dieser Beziehung war die Formel vom alten Gottlieb Daimler „Das Beste oder Nichts“ wohl die kürzeste, klarste, eingängigste und von ihrem Absolutheitsanspruch auch die umfassendste Konzeption. Er brauchte sich keine Mühe mit der Erstellung umfangreicher Abhandlungen zu machen. Seine Vision bestimmte seine Arbeit, sie war sein Konzept: einfach, klar und wirkungsvoll.

Die heutige Managementliteratur erschlägt uns dagegen mit immer neuen Trends, mit „Schlagworten“, die oftmals nur reine Worthülsen sind. Gerade der Managementbereich wird durch sich überstürzende Modeentwicklungen tyrannisiert.

Wer spricht heute noch über die einst vielgepriesenen Management-by-Techniken? Sind sie alle nichts mehr wert?

In bezug auf Qualitätsmanagement gilt daher klar: Das Thema ist wichtig, doch wir müssen uns lösen von Modetorheiten und modischen Übertreibungen. Ein Indiz für solche Fehlentwicklungen ist darin zu sehen, daß bisher mehr auf Philosophie- und Konzeptebene und weniger über Umsetzungsfragen geredet wird.

Vor allem gilt es zu erkennen und zu unterscheiden, was allein neues Schlagwort und was neuer Inhalt ist. Ändern Sie nichts, was unter anderen Bezeichnungen – auch wenn sie nicht besonders wohlklingend sind – gut läuft.

Es gibt heute hocheffektive Kreditinstitute mit kleinem Personalkörper, effektiver Technik, kostenbewußter Führung und gutem Ergebnis, die schon wußten, wie man‘s macht, ehe das neue Wort “Lean Management” die Runde machte. Ebenso gibt es viele Kreditinstitute, die schon lange konsequent Qualitätsideen verfolgen, ohne viel von Qualität zu sprechen.

Gefordert ist eine einfache und klare Qualitätskonzeption, die allerdings auch schriftlich formuliert wird. Und zwar nach folgenden Regeln:

- **Einfach:** Je komplexer unsere Bankenwirklichkeit wird, desto einfacher sollten die Qualitätsgrundsätze sein.
- **Verständlich:** Nicht nur der Vorstand muß die Qualitätskonzeption verstehen, sondern jede Führungskraft, jeder Mitarbeiter, gleichgültig, wo er tätig ist. Deshalb ist eine für alle verständliche Sprache und Darstellung Pflicht.

- **Nur das Wesentliche:** Es ist besser, wenige bedeutende Grundsätze umzusetzen, als eine vollständige Liste nur auf dem Papier zu haben.
- **Individuell:** Die Qualitätskonzeption muß für die jeweilige Bank passen, sie muß auf deren Geschichte, Struktur, Umwelt und Ziele abgestimmt sein. Insoweit ist jede Qualitätskonzeption einmalig.
- **Lebendig:** Was auf dem Papier steht, ist tot. Qualität muß gelebt und vorgelebt werden. Bei jeder Gelegenheit muß über die Qualitätsprinzipien gesprochen werden.

Das Formulieren allein reicht nicht. Es gibt viele Firmen mit guten Ideen, mit Konzeptionen in dicken Handbüchern, die aber erfolglos bleiben. Sie hatten vergessen, daß das Umsetzen viel wichtiger ist. Nur durch Taten werden Ideen Wirklichkeit.

Kurz gefaßt

Quality Banking braucht eine richtungsweisende Konzeption.

Der Schwerpunkt aller Anstrengungen muß auf der Umsetzung des Konzeptes und der Machbarkeit liegen.

Die Qualitätskonzeption sollte verbindlich für alle schriftlich formuliert sein. Nach folgenden Prinzipien:
- einfach
- verständlich
- nur das Wesentliche
- individuell
- lebendig

3.4 Voraussetzung: Unternehmensphilosophie

➡ Wie läßt sich Qualität durch Arbeitsanweisungen verwirklichen?

➡ Gibt es in Ihrer Bank oder Sparkasse eine typische Unternehmensphilosophie?

➡ Kann diese Philosophie verändert werden?

Für den offiziellen Teil der Weihnachtsfeier hatte sich der Chef einen ganz besonderen Höhepunkt ausgedacht. Er wollte das neue Unternehmensleitbild vorlesen. Persönlich. Das würde dem Text, der ja von nun an quasi Grundgesetz der Firma sein sollte, genügend Würde verleihen. Anfangs hörten die noch nüchternen „lieben Mitarbeiterinnen und Mitarbeiter" artig zu. Als der Chef Punkt fünf verlas: „Höchste Produktqualität ist seit jeher unsere vornehmste Errungenschaft", kam aus der Richtung , wo der Laborchef vor seiner Kaffeetasse saß, ein deutlich hörbarer Schluckauf. Bei Punkt sechs „Wir denken immer nur an den Menschen, der bei uns immer im Mittelpunkt steht" begannen die Leute vom Versand zu kichern. Und bei Punkt zehn „Wir alle können stolz auf unsere Firma sein, weil wir Kompetenz haben" lächelten auch die Konstrukteure mutig los. Schließlich lagen sich dann bei Punkt zwölf „Unsere Kunden lieben uns, weil auch wir sie lieben" der Vertriebsleiter Süddeutschland mit dem Leiter der Reklamationsabteilung brüllend vor Lachen in den Armen. So lustig war bisher noch keine Weihnachtsfeier gewesen. Am anderen Tage meinte der Chef: „Das mit dem Leitbild war der schlimmste Reinfall, den wir bei unserer CI-Arbeit erlebt haben. Wie konnte das nur passieren, wo doch Leitbilder heute überall in sind?" [1)]

Qualität kann nicht verordnet werden, etwa in Form einer Arbeitsanweisung. Ihre Wurzeln sind zu unterschiedlich, ihre Wirkungen zu komplex, um mit bürokratischen Mitteln etwas erreichen zu können. Auch der Weg über eine reine Instrumentalisierung, z. B. durch die Einführung eines Qualitätsbeauftragten, das Einrichten von Qualitätszirkeln oder die Installation weiterer Qualitätskontrollsysteme ist zum Scheitern verurteilt. So sinnvoll und notwendig diese Maßnahmen auch sein mögen, Erfolg wird ihnen nur beschieden sein, wenn sie von einer verinnerlichten Qualitätsphilosophie getragen werden.

Qualität muß die gesamte Bank durchdringen, von jedem Auszubildenden, von jedem neuen Mitarbeiter als unbedingte Anforderung an seine Arbeit, als Eintrittskarte ins Unternehmen akzeptiert werden.

Das bedeutet, daß das Qualitätsdenken integraler Bestandteil der Unternehmensphilosophie einer Bank oder Sparkasse sein muß.

---

1) Antonoff (1987)

Mit rationalen Managementmethoden allein, mit logischer Analyse, minutiöser Planung, quantitativen Methoden und zählbaren Fakten kann kein Qualitätsmanagement funktionieren.

Quality Banking erfordert eine in sich schlüssige, total auf Qualität ausgerichtete Unternehmensphilosophie. Spätestens seit der Bestseller „Auf der Suche nach Spitzenleistungen" veröffentlicht wurde, wissen wir: „Die exzellenten Unternehmen zeichnen sich durch sehr ausgeprägte Firmenkulturen aus, die nur eine Alternative lassen: sich voll in die Norm einzufügen oder auszuscheiden." [1]

Jede Bank oder Sparkasse hat eine ihr eigene Philosophie, eigene Normen, Wertvorstellungen, Überzeugungen und Haltungen. Sie ist damit eine eigenständige Persönlichkeit mit eigenem Charakter und eigenem Selbstverständnis. Und diese „weichen" Faktoren sind es, die das Verhalten der Bank und das ihrer Mitarbeiter prägen – viel stärker, viel dauerhafter als alle „harten" Sachverhalte.

Das Qualitätsmanagement einer Bank muß daher an der eigenen Unternehmensphilosophie ansetzen und diese voll auf Qualität ausrichten.

Eine Unternehmensphilosophie umfaßt folgende Dimensionen:

1. Ausrichtung auf Kunden
2. Gesellschaftliche Verantwortung
3. Verhältnis zu Mitarbeitern
4. Leistungsprogramm
5. Führungsorientierung
6. Zielsetzungen
7. Technikeinsatz
8. Umweltbewußtsein

Nichts ist jedoch mühevoller und langwieriger, als das grundlegende Wertesystem eines Unternehmens zu verändern. Fast dramatische Bedeutung hat in diesem Veränderungsprozeß eine zündende Leitidee, eine Vision. „I have a dream", so begann Martin Luther King seine legendäre Rede vom Traum des friedlichen Zusammenlebens von Schwarz und Weiß. In unserer Sparkasse oder Bank wollen wir den Traum von der totalen Qualität verwirklichen. Mit überzeugenden Visionen, kurz, prägnant und bildhaft

---

1) Peters, Watermann jun. (1983), S. 104

formuliert, lassen sich Energiereserven mobilisieren. Damit finden Mitarbeiter wieder Sinn in ihrer Arbeit. Die Identifikation und das persönliche Engagement lassen sich erhöhen.

> *„Wenn Du ein Schiff bauen willst, dann trommle nicht Männer zusammen, um Holz zu beschaffen, Aufgaben zu vergeben und die Arbeit einzuteilen, sondern lehre sie die Sehnsucht nach dem weiten, endlosen Meer."*
>
> *Antoine de Saint-Exupéry*

Viele Kreditinstitute haben sich bemüht, visionäre Leitideen zu formulieren und diese in eine umfassender formulierte Unternehmensphilosophie einzubinden. [1] Die Unternehmensphilosophie als Grundgesetz des Unternehmens gibt den Mitarbeitern eine erste grundlegende Orientierung. Sie ist die Voraussetzung für darauf aufbauende Aktivitäten. Daher muß die Qualitätsidee einer Bank oder Sparkasse in ihre Philosophie integriert werden.

Doch allein mit dem Formulieren von Grundsätzen ist noch nichts erreicht. Schöne Worte auf Hochglanzpapier gedruckt und den Mitarbeitern zur Kenntnis gegeben, bewirken wenig. Qualitätsdenken läßt sich nicht per Rundschreiben verordnen. Die Revolution muß in den Köpfen stattfinden.

Die Qualitätsidee muß aus Überzeugung mitgetragen und umgesetzt werden. Ziel ist, daß sich eine Eigendynamik entwickelt, aus der heraus jeder selbst an der ständigen Weiterverbesserung von Abläufen, Produkten und Instrumenten interessiert ist. Dies nicht zuletzt deshalb, weil durch den Wandel von Rahmenbedingungen einmal für gut befundene Vorgehensweisen sehr schnell überholt sein können.

Es geht also nicht um ein zum Selbstzweck betriebenes „besser, schneller, höher", sondern die ständige, auch qualitative Anpassung an dynamisch sich ändernde Umwelt- und Unternehmensbedingungen. Hier sind Eigenverantwortung und Kreativität jedes einzelnen Mitarbeiters gefordert, um mit den teils stürmischen Veränderungen im Kreditgewerbe Schritt halten zu können und dabei das Qualitätsniveau ständig weiterzuentwickeln. Gelingt es nicht, diese grundsätzliche Einstellung dauerhaft zu vermitteln,

---

1) Vgl. etwa: Körner (1988), S. 251 ff.

wird das Thema Qualität als einmalige Aktion abgehakt. Ein Zurückfallen aller Beteiligten in den alten Trott ist die Folge.

Damit sich die Qualitätsphilosophie nicht in einigen plakativen Postulaten erschöpft, ohne gelebt zu werden, müssen verschiedene Grundanforderungen erfüllt sein:

Realisierbarkeit
Die geforderten Qualitätsstandards müssen auch tatsächlich realisierbar sein, sowohl was die ökonomische Machbarkeit angeht als auch den ernsten Willen des Gesamtvorstands zur Umsetzung.

Widerspruchsfreiheit / Glaubwürdigkeit
Die Grundaussagen zum Thema Qualität dürfen nicht im Widerspruch zum tatsächlichen Verhalten der Bank nach innen und außen stehen. Leistungsniveau und Kommunikation müssen dem Qualitätsanspruch gerecht werden können. Von besonderer Bedeutung ist hierbei, was von übergeordneten Ebenen, namentlich dem Vorstand, in Sachen Qualität vorgelebt wird. Das bei Kunden und Öffentlichkeit angestrebte Qualitätsimage kann nur auf einem ebensolchen internen Image gründen.

Anschaulichkeit
Je vager die Qualitätsphilosophie formuliert ist, desto weniger Mitarbeiter wird sie erreichen, geschweige denn überzeugen. Wichtig ist, das Thema Qualität so anschaulich darzustellen, daß möglichst viele die Relevanz für ihren Aufgabenbereich erkennen und Anregungen für die konkrete Umsetzung bekommen.

Zukünftig werden Unternehmensphilosophie und unternehmerische Vision verstärkt Bedeutung nach außen erlangen. „Früher genügte es, ein einigermaßen gutes Produkt herzustellen und es gut zu vermarkten. Diese Zeiten sind vorbei. In den neunziger Jahren müssen Sie einen Unternehmensgeist vorweisen. Bevor der Verbraucher Ihr Produkt kauft, will er wissen, wer Sie sind.“ [1)]

Die verschiedenen Kreditinstitute bringen dafür unterschiedliche Voraussetzungen mit. Insbesondere ihre örtliche Verbundenheit kann als große

1) Popcorn (1992), S. 199

Chance gesehen werden, mit den Kunden noch näher und intensiver zu kommunizieren.

Folgt man der amerikanischen Zukunftsforscherin Faith Popcorn, dann werden Kunden und Öffentlichkeit in den nächsten Jahren Unternehmen präferieren, die besonders den Geist der Anständigkeit und Glaubwürdigkeit repräsentieren. [1]

Vor dem Hintergrund einer sich zunehmend formierenden Kritik gegenüber dem Kreditgewerbe, sind wir überzeugt, daß sich Banken und Sparkassen mit diesen Wertorientierungen intensiv zu beschäftigen haben.[2]

Philosophie und Vision
• Unsere Kunden sind die Nr. 1. • Wir wollen die Besten sein. • Gutes ist uns nicht gut genug. • Wir sind stolz auf unsere Bank. • Gemeinsam sind wir am stärksten. • Der Kunde steht im Mittelpunkt unseres Wirkens. • Service ist unsere stärkste Waffe. • Die Wünsche unserer Kunden stehen an erster Stelle. • Wir wollen besser sein als unsere Mitbewerber. • Das Beste für unsere Kunden.

Abbildung 7: Visionen

---

1) Vgl. Popcorn (1992), S. 200 ff.
2) Vgl. hierzu auch Kapitel 2.4 „Vertrauen und Verantwortung“

Kurz gefaßt

Qualität kann nicht verordnet werden. Qualität läßt sich dauerhaft nur über die Neuausrichtung der eigenen Unternehmensphilosophie in die Bank oder Sparkasse integrieren.

Der Veränderungsprozeß erhält die klare Richtung durch eine visionäre Leitidee.

Eine Vision gibt der Arbeit neuen Sinn und setzt neue Energie frei.

Eine erste grundlegende Orientierung erfahren die Bank- und Sparkassenmitarbeiter aus der Unternehmensphilosophie ihres Institutes.

Schöne Formulierungen bewirken nichts, rufen eventuell sogar Ablehnung hervor. Die Revolution muß in den Köpfen stattfinden.

3.5 Qualität für alle

- ➡ Gibt es den allgemeingültigen Qualitätsmaßstab?
- ➡ Warum müssen Kreditinstitute eine Qualitätsdifferenzierung betreiben?
- ➡ Welcher Kunde hat Anspruch auf Qualität?
- ➡ Was haben Betreuerzuständigkeiten mit Qualität zu tun?
- ➡ Wie erreicht man im Kreditgewerbe zielgruppenadäquate Qualität?

In der Auseinandersetzung mit der Frage, was Qualität ausmacht, tauchen sehr schnell Superlative wie „einzigartig, bestmöglich, exzellent, überragend" etc. auf. Häufig wird dabei vergessen, daß Qualität durchaus unterschiedliche Ausprägungen haben kann, ja sogar haben muß, um den unterschiedlichen Kundenbedürfnissen gerecht zu werden. Was dem einen unverzichtbar erscheint, ist für den anderen überflüssig, vielleicht sogar lästig und vor allem – er ist nicht bereit, diese „Über"-Qualität zu bezahlen.

Während für manchen Gast das Ambiente und der zuvorkommende Service in einem Nobelrestaurant ein gutes Essen erst zum Genuß werden läßt, fühlen sich viele in einer solchen Umgebung äußerst unwohl. Sie ziehen außerdem jedes Steak einer Portion Kaviar vor. Wo wird nun die bessere Qualität geboten? Im Nobelrestaurant oder im gut bürgerlichen Gasthaus?

Diese Frage kann nur individuell beantwortet werden. Jeder Mensch hat eigene Qualitätsvorstellungen und -maßstäbe. Die **„Qualitätskunst"** liegt darin, Gruppen mit homogenen Qualitätsbedürfnissen zu identifizieren und ihnen ein bedürfnisadäquates Leistungsangebot zu machen. Dies kann entweder auf der Ebene „Nobelrestaurant" oder auf der Ebene „Gasthaus" angesiedelt sein. In jedem Fall muß es aber von der angesprochenen Zielgruppe als attraktiv und zufriedenstellend empfunden werden.

Das Denken in Zielgruppen ist auch für das Kreditgewerbe nicht neu. Bereits die Marketingpioniere der 70er Jahre predigten eine Differenzierung der Kunden nach Segmenten und ein darauf abgestimmtes Marketingmix, d.h. eine je nach Kundengruppe unterschiedliche Produkt-, Preis-, Distributions- und Kommunikationspolitik. Allerdings – lange wurde diese Segmentierungsstrategie nicht mit letzter Konsequenz verfolgt.

Insbesondere den unterschiedlichen Ertragspotentialen der einzelnen Zielgruppen galt lange Zeit zu wenig Aufmerksamkeit. Die Konsequenz war und ist eine zu undifferenzierte Marktbearbeitung, einfacher: eine Verzettelung der vorhandenen personellen und materiellen Kapazitäten.

Im naturgemäß personalintensiven Bankgeschäft ist aber gerade der effiziente Einsatz der Mitarbeiter ausschlaggebend für den Unternehmenserfolg. Daher muß das Ziel sein, die Kunden systematisch bedarfsgerecht und ertragsorientiert zu betreuen und zu pflegen.

Die meisten Kreditinstitute decken in ihrer Klientel eine breite Zielgruppenpalette ab, die vom Kleinsparer bis zum international tätigen Großunternehmen reicht. An den spezifischen Bedürfnissen der jeweiligen Zielgruppen muß sich die Kundenbetreuung ausrichten. Notwendig ist eine abgestufte Betreuungsintensität, die sich in der Kontakthäufigkeit, im differenzierten Produktangebot und folgerichtig auch in der fachlichen Ausrichtung der zuständigen Mitarbeiter niederschlägt.

Das bedeutet, daß allen Kunden hervorragende Qualität, differenziert nach ihrer spezifischen Bedürfnislage, geboten wird. Wer Standardprodukte möchte, erhält ausgezeichnete Standardleistungen, wer Feinkost will und bereit ist, dafür auch mehr zu bezahlen, erhält hervorragende individuelle Lösungen. Grundsätzlich hat also jeder Kunde Anspruch auf gute Qualität.

Freundlichkeit, Höflichkeit, Kompetenz und Diskretion sind Qualitätsmerkmale, die gegenüber jedem Kunden Gültigkeit haben. Egal, ob es sich um einfache Kassengeschäfte oder anspruchsvolle Beratungen handelt, die Ausführung kann gut oder schlecht ausfallen, sie kann einen positiven oder einen negativen Qualitätseindruck hinterlassen.

Exkurs: Bezeichnend ist die Erfahrung eines Geschäftsstellenleiters, der sich wunderte, daß es vor einer Kasse ständig Warteschlangen gab, die zusätzlich geöffnete Kasse aber vergleichsweise wenig frequentiert wurde. Dies liegt, wie seine diskreten Nachfragen ergaben, keineswegs an mangelnden Leistungen der zweiten Kassenmitarbeiterin, sondern an der überaus freundlichen und zuvorkommenden Art ihrer Kollegin, deren positive Ausstrahlung für viele Kunden offensichtlich sehr anziehend wirkt.

Der noch zu wenig an Ertragschancen und Kundenbedürfnissen orientierte Einsatz der Kapazitäten ist mit ein Grund dafür, daß bei vielen Kreditinstituten die Vertriebspolitik auf dem Prüfstand steht. Hinzu kommt die in vielen Untersuchungen belegte Tatsache, daß nur ein erschreckend geringer Anteil der Arbeitszeit in den Geschäftsstellen – und dies gilt tendenziell auch für die zentralen Kundenabteilungen – tatsächlich mit Beratungstätigkeiten verbracht wird. Werte zwischen 10 % und 20 % sind eher die Regel als die Ausnahme. Eine ständig wachsende Flut von Verwaltungs- und Routinearbeiten beansprucht wertvolle Zeit, in der kein Kundenkontakt stattfindet. Diese Aufgaben bieten allerdings auch Gelegenheit, sich hinter ihnen – oder besser gesagt vor den Kunden – zu verstecken.

Wir beschäftigen uns zu sehr mit uns selbst und zu wenig mit unseren Kunden!

Die Folge ist, daß wir unsere Kunden und deren Bedarf nicht gut genug kennen, daß wir nicht aktiv auf sie zugehen. Diese Defizite nutzen andere Finanzanbieter zunehmend aus – mit teilweise fragwürdigen Ergebnissen für die Kundschaft.

Außerordentlich wichtig ist es daher, Betreuungszuständigkeiten festzulegen und – insbesondere bei vermögenden Privatkunden und Firmenkunden – über die namentliche Zuordnung von Kunden zu Beratern eine klare Kundenverantwortung zu schaffen. Diese Verantwortung erstreckt sich in erster Linie auf die Beschäftigung mit der individuellen Situation des Kunden und auf das Erkennen seines Bedarfs an Finanzdienstleistungen jeglicher

Art. Nicht in jedem Fall kann der daraus resultierende Beratungsbedarf durch den zuständigen Betreuer abgedeckt werden. In seiner Verantwortung liegt es aber, den Kunden rechtzeitig zu entsprechenden Spezialisten überzuleiten.

Eng zusammen mit der Definition von Betreuerzuständigkeiten hängt die Festlegung von Betreuungsintensitäten. Gebräuchlich ist die Kategorisierung in A-, B- und C-Kunden, für die – je nach Bedeutung und Attraktivität der Kundenverbindung – z. B. unterschiedliche Richtwerte für Kontaktaufnahmen bzw. Besuche vereinbart werden. Ziel all dieser Maßnahmen ist es, im Verkauf mehr zu agieren und nicht nur zu reagieren.

Angestrebt wird ein aktiveres und systematischeres Akquirieren sowie eine stärkere Potential-und Ergebnisorientierung und damit ein effizienterer Einsatz der Ressourcen.

Diesen im Kern gleichen Ansatz verfolgen nahezu alle Institute/Institutsgruppen im deutschen Bankgewerbe, die Großbanken z. T. auch mit ausgegliederten Vertriebsorganisationen. VSP (Verkaufssteigerungsprogramm) heißt z. B.das Schlagwort schlechthin in der Sparkassenorganisation, wenn es um Effizienzsteigerungen im Vertrieb und die damit einhergehende zielgruppenorientierte Qualitätsdifferenzierung nach Kundengruppen geht. Kein Zweifel darf – um es nochmals zu betonen – daran aufkommen, daß jeder Kunde gut bedient werden muß. Klar ist aber auch:

„Wer allen alles bietet, bietet nur wenigen in Wirklichkeit viel."

Wolfgang Ronzal

Kurz gefaßt

Es gibt keine allgemeingültige Qualitätsdefinition. So unterschiedlich die Bedürfnisse und Maßstäbe der Kunden sind, so unterschiedlich können bzw. müssen die Ausprägungen von Qualität sein.

Marktsegmentierung bedeutet im Kern zielgruppengerechte Qualität.

Ohne Qualitätsdifferenzierung kommt es zu einer Verzettelung der personellen und materiellen Kapazitäten.

Voraussetzungen für zielgruppenadäquate Qualität:

- Festlegung von Zielgruppenmerkmalen,
- systematische Erforschung der Bedarfssituation der Kunden,
- eindeutige Festlegung von Betreuerzuständigkeiten und -aufgaben,
- zielgruppenspezifisches Produktangebot,
- aktive Kundenansprache.

Die Qualität des Bankgeschäfts wird an der Art und Weise der Ausführung gemessen.

Jeder Kunde hat Anspruch auf gute Qualität.

3.6 Damit Qualitätsstrategien nicht scheitern

➡ Wie schnell lassen sich Ergebnisse mit konsequenter Qualitätspolitik erzielen?

➡ Mit welchen Möglichkeiten werden Qualitätsstrategien vorangebracht?

➡ Wie statisch sind Qualitätsstrategien?

➡ Erfordert Verbessern mehr Kraft als Bewahren?

Die Qualitätsidee ist in Mode. Man läßt sich schnell von diesen Gedanken anstecken, ist sofort begeistert und beginnt, in Qualität zu machen. Doch dann kommt die Ernüchterung. Wo bleiben die Erfolge? Warum kommen nicht scharenweise neue Kunden? Warum jubeln die jetzigen Kunden nicht aus lauter Euphorie über das neue Qualitätscredo?

Ganz so einfach geht es nicht. Qualität läßt sich nicht in einer kurzfristig angelegten Aktion über das gesamte Kreditinstitut stülpen. Qualität erfordert eine gute Portion Geduld und noch mehr Beharrlichkeit und Durchhaltevermögen.

Qualitätsmanagement ist ein langwieriger, ein nie endender Prozeß. Operative Hektik, kurzatmiger Aktionismus sind fehl am Platz. Sie können strategische Funkstille nicht kompensieren. Wer einfach vorwärts stürmt und die Strategie außer acht läßt, begeht immer einen Fehler. Die bisherigen Erfahrungen zeigen, daß mindestens drei Jahre, teilweise bis zu sechs Jahre vergehen, bis konkrete wirtschaftliche Erfolge sichtbar werden.

Wer hat in der heutigen immer schnellebiger werdenden Zeit so lange Geduld? Wir sind heute auf raschere Erfolge ausgerichtet.

Daher ist es wichtig, auf diesem langen Weg, den wir mit der Qualitätsstrategie einschlagen, **Meilensteine** einzubauen, die Zwischenergebnisse signalisieren. Trotz langfristiger strategischer Ausrichtung brauchen wir eine Politik der kleinen Schritte, brauchen wir überschaubare Wegabschnitte. Je tiefer wir in der Hierarchie nach unten kommen, desto kurzfristiger sind die Sichtweisen. Aber auch dort muß der Durchhaltewillen ständig genährt werden.

Hier bieten sich **Pilotprojekte** an. Sie regen den Appetit an, fördern die Lust am Mitmachen, wirken ansteckend auf andere. Sie geben neue Impulse, lassen Korrekturmöglichkeiten zu, verbauen nicht den Weg zurück, öffnen ihn aber nach vorne.

Ebenso hilfreich sind Berichte, Darstellungen über eingeleitete Maßnahmen und Projekte sowie die damit erzielten Zwischenergebnisse. Das heißt, es muß kommuniziert werden. Bei jeder Gelegenheit, auf die unterschiedlichste Weise. Mit allen möglichen Personen muß über Qualität gesprochen werden. Auf vielfältige Weise muß darüber geschrieben werden. **Was nicht kommuniziert wird, ist nicht existent.** Und selbst was kommuniziert wird, bleibt teilweise auf der Strecke. Qualität verdunstet über diese Kommunikationsverluste, ohne daß es bemerkt wird.

Selbst wenn auf der obersten Ebene 100 %ige Überzeugung und Übereinstimmung herrschen, was kommt auf der vierten oder fünften Ebene noch an? Sind es 10 % oder noch weniger, was als Information durchdringt? Information wird auf dem Weg nach unten verfälscht. Die Begeisterung kehrt sich in Frustration.

Es reicht nicht aus, die Mitarbeiter zu informieren, es muß darüber hinaus Betroffenheit erzeugt werden. Jeder muß direkt und unmittelbar in den Qualitätsprozeß eingebunden sein. Der Vorstand muß vorausmarschieren. Er ist der erste Diener seines Hauses, seiner Kunden und seiner Mitarbeiter. Sein Vorbild wirkt mehr als 1000 Seiten Konzeption und mehr als 1000 Anordnungen.

„Man erzieht durch das, was man sagt, mehr noch durch das, was man tut, am meisten aber durch das, was man ist."

Ignatius von Antiochien

Die Bank von heute agiert in einem sich ständig ändernden Umfeld. Sie selbst ändert sich mit den Umständen. Auch die Qualitätsstrategie kann nicht ein für allemal festgeschrieben werden. Sie bedarf der laufenden Anpassung, wenn sie nicht von der Entwicklung überrollt werden soll.

Und trotzdem kann etwas passieren, was einem in tiefe Hoffnungslosigkeit fallen läßt. Die Bedingungen für Kreditinstitute können so schwierig werden, daß trotz Qualitätskonzeption und konsequent umgesetzter Qualitätsstrategien die Ergebnisse nicht besser, sondern eher schlechter werden. Sicher ist aber: Ohne diese Bemühungen wären die Ergebnisse noch schlechter.

In einer Situation, in der alles über einem zusammenzubrechen scheint, hört man von den Führungskräften oft die Aussage: „Wir können nichts Neues mehr bewältigen, wir müssen alle Kräfte darauf konzentrieren, den augenblicklichen Zustand aufrechtzuerhalten. Bitte keine weiteren Aktionen mehr. Auch keine Qualitätsaktionen. Es reicht!"

Wenn man die Belastungen des Bankgewerbes betrachtet, die sich in jüngster Zeit aus gesetzlichen Änderungen, aus der Rechtsprechung oder aus zunehmender Technisierung ergeben haben, kann man Verständnis für diese Aussagen haben. Zinsabschlagsteuer, Steueränderungsgesetz, Beratungshaftung sind nur wenige Schlagworte mit sehr drastischen Konsequenzen für die Bankenwelt. Dazu kommen wachsende und neue Risiken wegen schlechter Konjunkturlage sowie teilweise dramatische Strukturverschiebungen.

So einleuchtend die Argumentation der geplagten Mitarbeiter auch sein mag, sie ist vordergründig und falsch dazu. Die Frage ist, wofür die Bank die vorhandenen Kräfte einsetzt. Sowohl die Bewahrung eines vorhandenen Zustandes als auch dessen Veränderung erfordern Kraft. Das Erstaunliche ist, daß die für Verbesserungen aufzuwendenden Kräfte nicht größer, sondern eher geringer sind, als die für die reine Aufrechterhaltung des Status quo. Ist Wassertreten nicht anstrengender als Schwimmen?

Damit wird Qualität für die Bank zu einem **dynamischen Prozeß**, der mit der Erwartung verbesserter Kosten- Nutzen-Relationen verbunden ist. Gefordert ist nicht, das Bestehende unter Aufbietung aller Kräfte zu verteidigen. Vorwärtsdrängen zu neuen Qualitätsebenen, ständige Systemkritik und -veränderungen, die Verbesserung aller Prozesse ist angesagt.

Wir brauchen die Spirale nach oben: Was gut ist, darf nicht bloß gut bleiben. Es muß besser werden. Und Besseres muß noch besser werden.

„Wer aufhört, besser sein zu wollen, hört auf, gut zu sein."

Cromwell

Kurz gefaßt

Qualitätsstrategien erfordern Geduld, Beharrlichkeit und Durchhaltevermögen.

Konkrete wirtschaftliche Erfolge werden erst in längeren Zeiträumen sichtbar.

Um nicht den Mut zu verlieren, müssen Meilensteine für Zwischenergebnisse eingebaut werden.

Pilotprojekte, Berichte, Darstellungen fördern den Qualitätsprozeß.

Alle Qualitätsaktivitäten müssen kommuniziert werden.

Bei allen Mitarbeitern muß Betroffenheit erreicht werden.

Der Vorstand muß nicht nur hinter der Qualitätsstrategie stehen, er muß vorausmarschieren.

Qualitätsstrategien müssen den sich ändernden Bedingungen angepaßt werden.

Verbesserungen erfordern viel Kraft, doch sie erfordern weniger Aufwand als die Aufrechterhaltung gegebener Zustände.

Wir brauchen die Spirale nach oben.

Kapitel 4

Mut zur Tat

„Schwieriges einfach zu machen, ist schwierig.
Einfaches schwierig zu machen, ist einfach."

4.1 Da alles schwieriger wird, müssen wir einfacher werden

- Wie stark ist Ihre Bank oder Sparkasse von welchen Veränderungen betroffen?
- Welche Veränderungen treffen Sie am härtesten?
- In welchem Maß sind Sie diesen Veränderungen ausgeliefert?
- Wie kann eine Bank oder Sparkasse dem immer schnelleren Wandel wirksam begegnen?

Die größten Bedrohungen für Kreditinstitute gehen heute und zukünftig nicht mehr nur von Konkurrenten oder zusammenbrechenden Kreditnehmern aus. Eine äußerst gefährliche und dazu nachhaltigere Wirkung haben extern und intern ausgelöste Veränderungen, die auf immer differenzierter und komplexer werdende Produkte, Prozesse und Strukturen treffen. Banken und Sparkassen bewegen sich zunehmend in turbulenten Bereichen. Um erfolgreich arbeiten, vor allem aber langfristig überleben zu können, sind sie gezwungen, ihre Strategien, internen Strukturen und Prozesse anzupassen.

Schon Ende der 60er und Anfang der 70er Jahre wurde in der angelsächsischen Managementliteratur generell auf diese grundlegenden Zusammenhänge verwiesen. Immer komplexere und sich schneller ändernde Bedingungen in der Umwelt verlangen den Übergang von mechanistischen zu mehr organischen Unternehmensstrukturen. [1] Diese sind z. B. gekennzeichnet durch flachere Hierarchien, höhere Dezentralisierung, mehr Entscheidungsbefugnisse und Verantwortung auf unteren Ebenen, geringere Formalisierung, ausgeprägte Teamarbeit, Betonung von Qualität statt Quantität, breit angelegte Kommunikation und geringere Kontrollen. [2]

Unter dem Schlagwort „Lean Banking“ werden heute ähnliche Forderungen auch für das Kreditgewerbe postuliert. [3] Die Bedingungen haben sich bei Banken dramatisch verändert und verlangen rigoroses Handeln. Die jüngere Vergangenheit liefert genügend Beispiele, wie stark das Bankge-

---

1) Vgl. dazu etwa: Burns, Stalker, (1966)
2) Vgl. Müller (1979) in Anlehnung an Staehle und Holt, S. 191 ff.
3) Vgl. z. B. Bierer, Fassbender, Rüdel (1992), S. 503 ff.

werbe von Veränderungen getroffen wird. Gravierende Konsequenzen ergeben sich vor allem aus Gesetzgebung und Rechtsprechung. Neue Gesetze oder Urteile erweisen sich dann als besonders verheerend, wenn ihre Änderungswirkung weit in die Vergangenheit zurückreicht.

Bei der praktischen Umsetzung tauchen oft zahlreiche Ungereimtheiten und Fehlermöglichkeiten auf. Wie viele Stäbe werden gebraucht, wie viele Kräfte lahmgelegt, um die Flut an einschlägigen Rundschreiben, Zeitungsmeldungen, Erlassen und Vorlagen zu verarbeiten? Wie viele Diskussionen und Kundengespräche sind notwendig, um Widersprüche auszuräumen, Konfusion zu beseitigen und Irrtümer zu berichtigen? Wie groß sind die Folgewirkungen auf Produktpolitik, Preisgestaltung, Schrift- und Formularverkehr usw.?

Öffentlichkeit und Kunden erfahren i. d. R. nur davon, wenn etwas schief läuft oder wenn neue Erschwernisse im täglichen Geschäft auftauchen.

Der Leidensdruck wächst fast täglich. Die Veränderungen folgen rascher aufeinander, sind radikaler und treffen auf immer komplexere innere und äußere Strukturen. Je differenzierter die internen Strukturen, desto weitreichender und unübersichtlicher sind die Wirkungen von Veränderungen. Die Kreditinstitute dürfen angesichts der extremen Regulierungssucht nicht im Zustand der Erschöpfung und Verwirrung verharren. Sie müssen sich energisch aus diesem Fangnetz befreien, wenn sie nicht flügellahm zu Boden sinken wollen.

Um aus diesen Schwierigkeiten wieder herauszukommen, hilft nur eines: einfacher werden! Vereinfachen heißt, alles Überflüssige, Unwesentliche weglassen. Einfachheit ist klar, offen und ehrlich. Sie erfordert aber Mut zum Handeln und nicht Lust zum Klagen. Doch nur über radikales Vereinfachen kann zukünftig noch Qualität erreicht werden.

Hinter dieser Erkenntnis steckt das ganze Geheimnis. Unser gesamtes Bildungssystem basiert sehr stark darauf, einfache Dinge kompliziert darzulegen, nicht umgekehrt. Perfektioniert ist das Verkomplizieren. Gerade an unseren Universitäten wird diese Denkhaltung kultiviert.

Zwangsläufig nimmt die Studiendauer zu und die praktische Nutzwirkung ab. Einfach zu werden, bedeutet Abschied nehmen von geliebten Traditionen und umdenken lernen.

Die zentralen Themen der Vereinfachung lauten für Banken:

- Produktpalette reduzieren
- Strukturen vereinfachen
- Betriebliche Abläufe optimieren.

Angesichts des sich weiter verschärfenden Wandels werden Banken und Sparkassen diese Problemfelder konsequent angehen müssen. Ansonsten ist mit weiterer Komplexitätszunahme, steigender Fehlerrate, mehr Personal und wachsenden Kosten zu rechnen. Die Sparkasse oder Bank wird sich immer mehr allein mit sich selbst beschäftigen. Für Kunden bleibt immer weniger Zeit. Sie werden zu Störenfrieden, die das immer kompliziertere innerbetriebliche Räderwerk empfindlich durcheinander bringen. Für innovative Entwicklungen fehlt der richtige Geist. Operative Hektik verdrängt strategische Weitsicht. Das Schreckensszenario liegt auf der Hand.

„Der Weg aus den Schwierigkeiten hinaus
ist nie so einfach wie der Weg hinein."

Howe

Hier geht es allerdings nicht mehr um Kleinigkeiten, die zu verändern sind. Radikale Lösungen erfordern Quantensprünge im Denken und revolutionäres Durchgreifen. Solange es einem Kreditinstitut gutgeht, fehlt meist der Antrieb für solche umstürzlerischen Veränderungen. Dauerhaft erfolgreich sein, heißt im Rahmen des Quality Banking Mut haben zu total Neuem.

Kurz gefaßt

Der größte Feind der Banken und Sparkassen ist zukünftig immer mehr der rasante Wandel.

Externe Veränderungen wirken umso dramatischer, je komplizierter die internen Strukturen einer Bank sind.

Nur radikales Vereinfachen hilft dauerhaft.
Vereinfachen erfordert Mut.

Für Banken sind 3 Bereiche im Hinblick auf Vereinfachungen wichtig:
- Produktpalette,
- interne Strukturen,
- betriebliche Prozesse.

4.2 Weniger ist mehr

➡ Wissen Sie, wie viele Produkte Ihre eigene Bank oder Sparkasse anbietet?

➡ Welche Entwicklungen haben zu dieser außergewöhnlichen Produktvielfalt geführt?

➡ Glauben Sie, daß Sie zukünftig Ihre Kunden mit weniger Angeboten als heute zufriedenstellen können?

➡ Welche Wirkung bringt eine Verringerung der Produktpalette?

Vom Sparkassensektor wird behauptet, er würde insgesamt 200 verschiedene Produkte anbieten. Dies ist wahrscheinlich eher untertrieben, wenn man die ganzen Spielarten an Finanzderivaten einbezieht, die heute gehandelt und angeboten werden. Wie viele dieser Angebote sind nur Spielereien, ohne besonderen Nutzen für Bank und Kunde? Produktvielfalt erfordert vermehrt Spezialisten in Produktentwicklung, Vertrieb, Beratung und Abwicklung. Sie treibt die Kosten in die Höhe und behindert den Verkauf. [1]

Deshalb muß die Angebotsvielfalt reduziert werden, die Produkte müssen einfach gestaltet werden. Der Mitarbeiter muß es verstehen, der Kunde muß es begreifen, was angeboten wird.

Wer seine Produktpalette daraufhin überprüft, wird überrascht sein, was sich im Laufe der Zeit alles angesammelt hat. In den zurückliegenden Jahren haben sich in gravierendem Ausmaß der Sektor Geldanlage, zunehmend auch der Zahlungsverkehr, in eine üppige Produktvielfalt ausgewachsen. Der Allfinanzgedanke ist mit schillernden Übertreibungen daran nicht ganz unschuldig.

Qualitätsverbesserung heißt auch, Produkte einfacher zu machen und von allem überflüssigen Schnickschnack zu befreien. Anzubieten ist, was gebraucht und verlangt wird. Es geht nicht ohne die Meinung der Kunden.

Selbst der Fachspezialist weiß mitunter nicht mehr, warum nebeneinander und durcheinander Sparzertifikate, Sparbriefe, Obligationen und Inhaberschuldverschreibungen angeboten werden. Teils sind sie dynamisch, teils aufgezinst, teils als Zero-Version oder als Tilgungsvariante, teils als Systembaustein oder solo, teils mit gleicher, teils mit unterschiedlicher Laufzeit angeboten. Nur das Hinabtauchen in historische Tiefen fördert noch die Gründe für die Artenvielfalt hervor.

Produktvielfalt war lange Zeit Teil des Erfolgsgeheimnisses mancher Bank oder Sparkasse. Denn jedem Kunden konnte – optimal auf seine Bedürfnisse abgestimmt – das richtige Produkt angeboten werden.

„Weniger ist mehr!" so wird zukünftig verstärkt die Angebotskomplexität zu managen sein. Mit weniger, einfach, aber flexibler gestalteten Leistungen muß der Kunde bedient werden. Das erleichtert ihm, der inzwischen auch von der Vielfalt erdrückt wird, die eigene Geld- oder Vermögensverwaltung. Das darf allerdings nicht bedeuten, daß die individuellen Kundenwünsche der radikalen Standardisierung zu opfern sind.

Einfache Grundmuster mit flexiblen Produktvariationen müssen hier die Lösung sein. Denn der Kunde verlangt immer mehr nach dem ganz persönlichen Angebot. Um den Erfordernissen des Lean Management und

---

1) Vgl. Bierer, Fassbender, Rüdel (1992), S. 503 f.

der konsequenten Kundenorientierung gleichermaßen gerecht zu werden, sind zukünftig Standardprodukte mit individuellen Variationsmöglichkeiten gefordert.

Für die Bank oder Sparkasse selbst liegen die Vorteile der Angebotsreduktion in einer deutlich gebremsten Kostenexpansion und verbesserter Beratungsqualität. Daß Unterschiede in bezug auf Zielgruppen zu machen sind, liegt auf der Hand. Privatkunden mögen es einfacher, für Vermögende und Firmenkunden kann – oder muß – es etwas differenzierter sein.

Von der Citi-Bank wird berichtet, sie könne mit ca. 20 Produkten die typische Nachfrage eines Privatkunden befriedigen. [1] Sicher hinkt der Vergleich mit den 200 Produktangeboten des Sparkassensektors. Doch die Richtung ist vorgegeben.

Kaum ein Kundenberater ist heute noch in der Lage, sämtliche Angebote mit all ihren Verästelungen, ihren steuerlichen Konsequenzen, bürokratischen Formalismen und differenzierten Preisgestaltungen zu überschauen. Noch weniger kann er unterschiedlichen Zielgruppen dieses weitverzweigte Angebot empfänger- und bedürfnisgerecht nahebringen. Macht man sich die Mühe, die Beratungsschwerpunkte einzelner Berater zu durchleuchten, stellt man fest, daß jeder andere Schwerpunkte hat. Vielleicht, weil ihm ein Produkt besonders gefällt oder weil er es besonders gut verstanden hat. Vermutlich gilt hier ebenso wie in vielen anderen Zusammenhängen die Pareto-Regel, wonach mit 20 % der Produkte 80 % der Beratungen abgedeckt werden.

Macht man allerdings eine Umfrage, auf welches Produkt verzichtet werden könnte, werden sich i. d. R. immer Fans für jedes Angebot finden. Daher müssen mutige Entscheidungen getroffen werden, wenn man die Angebotsvielfalt reduzieren möchte. Und man muß.

„Nicht weil es so schwer ist, wagen wir es nicht,
sondern weil wir's nicht wagen, ist es schwer."

Seneca

1) Vgl. Bierer, Fassbender, Rüdel (1992), 503 f.

Welche Wirkungen bringt die Reduzierung der Angebotsvielfalt?	
Für die Kunden: – leichteres Verständnis der Angebote – klarerer Überblick über die Vermögensverhältnisse – mehr Freude mit dem eigenen Geld – weniger Abneigung gegen unverständliche Produkte – mehr Zufriedenheit mit der eigenen Bank	*Für die Bank oder Sparkasse:* – klarere Marketingstrategien – geringere Pflege für Anwendungsprogramme – weniger Schulungsaufwand – konsequentere Werbeaussagen – geringerer interner Informationsaufwand – einfachere Beratungen – weniger Formulare – deutlich reduzierter Änderungsaufwand – einfachere Verkaufsförderung – weniger Fehler

Abbildung 8: Wirkung der reduzierten Angebotsvielfalt

Exkurs: Schlankheitskur zeigt erst nach Jahren volle Wirkung

Es ist nicht so, daß die kostensenkenden Wirkungen einer Entrümpelung der Produktpalette von heute auf morgen zu spüren sind. Solange auch nur ein Vertrag einer Produktart im Bestand ist, müssen sämtliche dv-mäßigen und sonstigen organisatorischen Abwicklungseinrichtungen vorgehalten werden.

Genau das verursacht aber angesichts der im Laufe der Zeit entwickelten, dann aber wieder in Vergessenheit oder Ungnade gefallenen Produktvarianten einen immensen internen Aufwand. Immer dann, wenn es aus irgendwelchen Gründen erforderlich ist, sämtliche Vertragsbestände zu bearbeiten, wird dies drastisch deutlich.

In unserem Haus gab es im Rahmen der Programmierungsarbeiten zum Aufbau eines Kalkulationssystems diesbezüglich einige unliebsame Aha-Erlebnisse. Für Produkte, die von ihrer Ausstattung her nur noch einigen wenigen Spezialisten bekannt waren, mußten – trotz manchmal geringer Restbestände, aber aufgrund langer Vertragslaufzeiten, die teilweise übers Jahr 2000 hinausreichen – aufwendige Kalkulationsmechanismen installiert werden.

Besonders eindrucksvoll war die unglaubliche Vielfalt an Ratensparformen. Obwohl es sich zum Teil um das gleiche Grundprodukt handelte, führte z. B.eine Veränderung der Prämienstaffel oder der Wegfall staatlicher Förderungsmittel zu immer neuen Varianten.

Insgesamt zählten wir über 30 verschiedene Spielarten, die – wegen oft nur in Nuancen abweichenden Produktmerkmalen – differenzierte Effektivzinsberechnungen notwendig machten. Allein für die Sparverträge nach dem Vermögensbildungsgesetz (sog. VL-Verträge) existieren – einschließlich der fälligen Vertragsvarianten und denen für eigene Mitarbeiter – 22 verschiedene Produktnummern.

Lean Management war angesagt! Nach intensiver Beschäftigung mit den Produktausstattungen und vor allem mit den in der Vergangenheit tatsächlich festgestellten Kundenwünschen wurde die Angebotspalette auf drei Grundprodukte mit teilweise variablen Ausgestaltungsmöglichkeiten reduziert.

Auch wenn die vollkommene Bereinigung des Bestands um „Exoten“ über auslaufende Verträge erst im Jahr 2019 abgeschlossen sein wird, ist der Anfang doch gemacht.

„Auch ein Weg von 1000 Schritten beginnt mit dem ersten.“

Chinesisches Sprichwort

Kurz gefaßt

Die vielfältiger gewordene Produktpalette hat zu einer deutlichen Komplexitätszunahme bei Banken und Sparkassen geführt.

Es sind oft interne Gründe oder Rechtsvorschriften, weniger die Wünsche der Kunden, die zu einer ausufernden Produktdifferenzierung führen.

„Weniger ist mehr“, wird das Motto für die Produktbereinigung bei Kreditinstituten sein.

Eine überschaubare und klare Produktpalette bringt den Kunden und der Sparkasse oder Bank Vorteile.

4.3 Gegen den Trend

- Wie reagieren Kreditinstitute auf zunehmende Komplexität und Dynamisierung ihrer relevanten Umweltbereiche?
- Wie wirken wachsende Spezialisierung und interne Differenzierung auf die Bankmitarbeiter?
- Mit welchen Grundprinzipien können Banken und Sparkassen gegen immer kompliziertere Organisationsstrukturen angehen?
- Inwieweit bedeutet „schlanke Organisation“ eine personelle Ausdünnung für Kreditinstitute?
- Welche neuen Anforderungen stellt das Lean Banking?
- Wie stellen sich neue, zukunftsträchtige, qualitätsorientierte Strukturen dar?

„Wir arbeiten in Strukturen von gestern
mit Methoden von heute
an Strategien für morgen vorwiegend mit Menschen,
die in den Kulturen von vorgestern
die Strukturen von gestern gebaut haben und
das übermorgen innerhalb
des Unternehmens nicht mehr erleben werden.“

Calza

Umweltdifferenzierung führt zu Innendifferenzierung: Je größer das Kreditinstitut, je größer das relevante Umweltspektrum, desto differenzierter und komplexer die internen Strukturen.

Die Bewältigung wachsender Umweltkomplexität durch zunehmende Innendifferenzierung ist fast zwangsläufig. Sie führt aber zu mehr Hierarchie, mehr Spezialisierung, mehrdimensionalen Organisationsstrukturen und längeren Entscheidungswegen. Die Zusammenhänge in der Bank oder Sparkasse werden für immer mehr Mitarbeiter immer undurchschaubarer und unverständlicher. Sie zeigen dem einzelnen in immer erschreckenderer Weise seine Ohnmacht in diesem System, bewirken Frustration, Resignation und innere Kündigung.

Sowohl die wachsende Differenziertheit und Komplexität der inneren Strukturen als auch deren intra- und interindividuelle Konsequenzen ergeben deutlich negative Folgen für die Qualität der Leistungen eines Kreditinstituts.

Die zukünftige Strategie muß lauten: Strukturen radikal einfach halten!

Es gilt den Trend zu brechen, daß wachsende Größe und Umweltkomplexität immer differenziertere interne Strukturen fordern. Im Kern muß eine immer stärkere Spezialisierung verhindert werden, die heilige Ordnung der Hierarchie ist aufzulösen. Möglichkeiten ergeben sich über Job-Rotation, Job-Enrichment, Job-Enlargement, Stärkung der Gruppensouveränität und -kooperation.

Organisieren heißt zukünftig, mehr den Menschen und weniger die sachliche Stelle in den Mittelpunkt rücken. Das wichtigste Kapital einer Bank oder Sparkasse sind die Mitarbeiter mit ihren Kenntnissen, Erfahrungen und ihrem Leistungswillen. Starre Strukturen und übermäßige Standardisierung haben ausgedient. [1)]

„Ich glaube, der wirkliche Unterschied
zwischen Erfolg und Mißerfolg besteht darin,
wie gut es das Unternehmen versteht,
die großen Energie- und Talentreserven
seiner Mitarbeiter zu nutzen."

Watson jr.

Mit einigen einfachen Grundprinzipien ist eine tiefgreifende Veränderung der Strukturen zu erreichen, deren Umsetzung sich allerdings weniger einfach gestalten wird. Es gehört vor allem Mut dazu, neben der Ordnung etwas mehr Chaos zuzulassen, um eine natürlichere und lebendige Organisation zu verwirklichen.

---

1) Vgl. Fuchs (1992), S. 11 f.

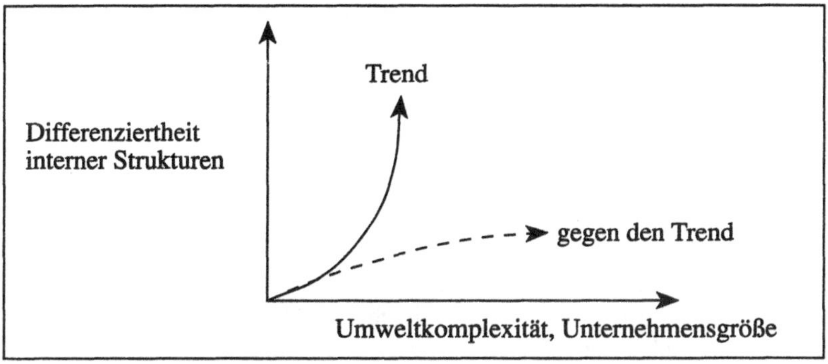

Abbildung 9: Trendrichtungen

Die Grundprinzipien struktureller Einfachheit sind:

- eindeutige, einfache, stabile Grundstruktur
- flache Hierarchie, Abbau mittlerer Führungsebenen
- geringerer Grad an Spezialisierung
- weniger Schnittstellen, weniger Überschneidungen
- größere Autonomie organisatorischer Subsysteme
- höhere Dezentralisierung
- überschaubare Einheiten
- kleine Stäbe, geringer Wasserkopf
- einfache Koordinationsmechanismen
- flexible Projektstrukturen
- lebendige, lernende Organisation

Die Prinzipien der Vereinfachung suggerieren unter dem Zauberwort „Lean Management" eine schlanke und ranke Organisation. Es kann jedoch nur heißen, die Zahl der Mitarbeiter zu reduzieren, und zwar nicht nur auf den unteren Hierarchieebenen.

Die Qualität der Mitarbeiter muß demgegenüber deutlich zunehmen, auch in der Richtung, daß Mitarbeiter zu Mitunternehmern werden.

„Es ist mehr die Qualität als Quantität, die zählt."

Dadurch entstehen neue Anforderungen an die Personalentwicklung. Wissen und Können sind ständig zu aktualisieren, die Führungsqualitäten weiterzuentwickeln, die Selbstmotivation immer wieder neu herauszufordern. Damit Lean-Banking nicht zum „Light Banking“ wird, sind als zentrale Merkmale zu beachten: [1]

- kreative Nutzung der Mitarbeiterfähigkeiten,
- Teamarbeit,
- breite Wissens-/Informationsgrundlage bei den Mitarbeitern und
- durchgängiger Informations-/Kommunikationsfluß.

Eine allgemeingültige Organisationslösung für alle Kreditinstitute kann es nicht geben. Die Richtung organisatorischer Strukturierung ist durch diese Grundprinzipien jedoch ziemlich deutlich vorgegeben.

Für Sparkassen und Banken heißt dies tendenziell noch mehr Abkehr von funktions- oder produktorientierten Organisationsstrukturen, dagegen Hinwendung zu einer eindeutigen und einfachen, aber kundenorientierten Grundstruktur. Die Gliederung nach Firmenkunden, vermögenden Kunden und Privatkunden bietet sich bei einer qualitätsorientierten Kundenausrichtung für viele Kreditinstitute an. Sie vereinfacht die ganzheitliche kundenbezogene Marktbearbeitung und Serviceorientierung.

Feste hierarchische Organisationsstrukturen mit starr fixierten Zuständigkeiten und Verantwortungsbereichen sind zukünftig weniger gefragt. Gebraucht werden zunehmend flexible, offene, dezentrale und autonome Strukturen. [2]

Dies verlangt von den Mitarbeitern und Führungskräften, daß sie sich aus der Sicherheit stabiler Beziehungen lösen können. Sie müssen bisher gezogene Grenzen überschreiten, bereit sein, neue Aufgaben zu übernehmen, mit wechselnden Partnern zu kooperieren und Probleme zu lösen. Projektteams und Qualitätszirkel verkörpern Organisationsformen, die solche Fähigkeiten verstärkt abfordern, gleichzeitig aber auch Gelegenheit geben, sie zu erproben und weiterzuentwickeln.

---

1) Vgl. Buttler (1992), S. 436
2) Vgl. Jacobi (1993), S. 99 ff.

Ziele der Neustrukturierung müssen sein:

- konsequente Kundenorientierung,
- hohe Wirtschaftlichkeit,
- hohe Produktivität,
- schnelle Umsetzung von Vorhaben,
- ausgeprägte Innovations- und Veränderungsfähigkeit.

Spätestens jetzt wird deutlich, daß das totale Quality Banking nicht nur innerhalb bestehender Unternehmensstrukturen erfolgt, sondern diese Grundstrukturen selbst in Frage stellt und verändert.

Kurz gefaßt

Zunehmende Komplexität und Dynamik der relevanten Umweltbereiche führen zu immer komplizierteren Organisationsstrukturen in Kreditinstituten.

Negative Wirkungen auf die Qualität der Leistung sind die unabänderliche Folge.

Kreditinstitute müssen diesen Trend brechen und ihre internen Strukturen radikal vereinfachen.

Vordergründig bedeutet dies eine personelle Ausdünnung, die aber einhergehen muß mit der qualitativen Weiterentwicklung der Mitarbeiter.

Banken und Sparkassen sollten sich an einer einfachen kundenorientierten Grundstruktur ausrichten, die eine ganzheitliche kundenbezogene Marktbearbeitung und Serviceorientierung erlaubt.

Starr fixierte hierarchische Strukturen werden verdrängt durch flexible und weitgehend dezentrale autonome Strukturen.

Ein lebendiger und lernender Organismus wird als Vision einer neuen Bankstruktur angestrebt.

4.4 Sind 25 Unterschriften genug?

- Welche Fehler passieren ständig im täglichen Geschäft Ihrer Bank oder Sparkasse?
- Kennen Sie die Ursachen dafür?
- Wie können Durchlaufzeiten (etwa für Kreditanträge oder für die Beantwortung von Anfragen) optimiert werden?
- Wo liegen die Schwächen in den betrieblichen Abläufen?
- Wie lassen sich dauerhaft echte Verbesserungen erreichen?

Muß der Kunde unbedingt 25 Unterschriften leisten, bis er seinen Kredit erhält? Müssen bei einem Kreditantrag unbedingt zehn Formulare ausgefüllt werden oder genügen auch fünf? Müssen Berichte 50 Seiten haben oder sind sie nicht inhaltsschwerer, wenn das gleiche auf fünf Seiten zusammengefaßt ist? Am einfachsten ist es, Fehler auf die Unkenntnis und Unachtsamkeit der ausführenden Mitarbeiter abzuwälzen. Aufgeblähte Arbeitsabläufe und Umständlichkeiten lassen sich leicht mit Sicherheitserfordernissen begründen. Doch die Ursachen sind vielfältiger:

- Gesetzliche Vorschriften und richterliche Anordnungen machen Bankgeschäfte zunehmend komplizierter.
- Kunden lassen sich nicht mehr alles bieten.
- Interne Strukturen und Abläufe werden immer komplexer und sind kaum noch durchschaubar.
- Mitarbeiter sind wegen der Flut an Änderungen überfordert.
- Produkte sind zu kompliziert.
- Sicherheitsanforderungen werden überbetont.
- Arbeitsabläufe eröffnen selbst zu viele Fehlermöglichkeiten.

Bevor nicht die zehnte Unterschrift auf der Kreditvorlage ist, kann keine Kreditzusage erteilt werden. Für Kreditsachbearbeiter ein Trauma, für Kunden schlicht und einfach ein Ärgernis.

Nachdem über die Möglichkeiten und Bedingungen einer Kreditgewährung intensiv und teilweise zäh verhandelt wurde, dauert es noch Wochen, bis eine endgültige Kreditzusage erfolgt. Diese Tatsache stößt bei Kunden heute auf Unverständnis, bei Mitarbeitern führt sie zu Frustration.

Lange, zu lange Durchlaufzeiten gibt es nicht nur im Kreditgeschäft, sondern auch in anderen Bankbereichen. Sie mit dem verständlichen Sicherheitsbedürfnis der Kreditinstitute zu erklären, liegt auf der Hand. Bei näherer Untersuchung wird dieses Argument jedoch zweifelhaft. Wie viele der Unterschriften auf dem Kreditantrag sind tatsächlich substantiell? Wer steht letztlich dafür gerade, daß der Kredit in Ordnung geht?

„Wenn die Zahl derer, die mitzureden haben, ins Unermeßliche steigt, dann hören die auf zu reden, die etwas zu sagen haben."

Wenn zu viele Leute zuständig sind, ist letztlich keiner mehr verantwortlich. Besonders dann, wenn etwas schief läuft. Die Einschaltung vieler Stellen führt aber auch zu erheblichen Transport- und Liegezeiten. Dadurch entsteht zusätzlicher und unnötiger Zeitaufwand. Diese Schwächen ergeben sich aus zu großer Spezialisierung und vielen Hierarchieebenen. Wichtige Zusammenhänge sind auseinandergerissen und getrennt. Arbeitsabläufe folgen nicht logisch und störungsfrei aufeinander. Ein hohes Maß an Arbeitsteilung mit vielen zwischengeschalteten Kontrollen ist aber gerade das Markenzeichen der deutschen Banken. Gegenseitige Abgrenzung an den zu vielen Schnittstellen, mangelnde Koordination untereinander und interne Machtkämpfe führen zu erheblichen Effizienzverlusten. [1]

Als häufigste Schwächen im Ablauf sehen wir:

- zu lange Durchlaufzeiten,
- zu lange Liege- und Transportzeiten,
- Doppelspurigkeiten,
- Kompetenzüberschneidungen,
- zu große Spezialisierung,
- zu viele Schnittstellen,
- hoher Koordinierungsaufwand,
- überhöhter Kontrollaufwand,
- Kommunikationsprobleme,
- zu lange Entscheidungswege,
- Abteilungsegoismen.

---

1) Vgl. Koch (1992), S. 63 ff.

Es geht heute und in Zukunft immer mehr um radikale Änderungen, um eine Revolution der Betriebsabläufe. Die gesamten Prozesse vom jeweiligen Kundenwunsch bis zu seiner Befriedigung müssen auf Verschlankungsmöglichkeiten hin untersucht und entsprechend geändert werden.

Der Schlüssel zum Erfolg liegt darin, alle anfallenden Arbeiten gleich beim ersten Mal dauerhaft richtig zu erledigen und die kürzeste Durchlaufzeit zu erreichen. Wer einzelne Prozesse untersucht, wird erschrecken über das Ausmaß an Zeitverschwendung:

Nur ein Bruchteil der Gesamtzeit dient der eigentlichen Bearbeitung, der überwiegende Teil ist reine Liegezeit und damit Leerzeit.

Geht man von Untersuchungen innerhalb der Sparkassenorganisation aus, dann bieten Zahlungsverkehr, Kontoführung und Kasse als äußerst arbeitsaufwendige Prozesse das bedeutendste Optimierungspotential. [1] Die Optimierung einzelner Funktionen ist dabei zu wenig. Dauerhafte, echte Verbesserungen sind nur möglich, wenn gesamte funktionsübergreifende Geschäftsprozesse analysiert und verbessert oder völlig neu gestaltet werden. [2] Auch hierbei muß immer der Kunde mit im Blickfeld sein. Damit stehen Banken und Sparkassen vor einer Mammutaufgabe, die nur bewältigt werden kann, wenn eine entsprechende Vision von höherer Produktivität und Qualität vorhanden ist und alle Kräfte darauf konzentriert werden.

Ein Beispiel für die Komplexität eines Prozesses ist die Entwicklung eines Bankproduktes bis zur Marktreife, etwa eine neue Möglichkeit der Geldanlage. Verdeutlicht man sich, wieviele Stellen damit befaßt sind, so erschreckt deren Zahl: Marketing, Werbung, Organisation, EDV, Filialbereich, Planung und Controlling, Revision, Marktsekretariat, Marktnachfolge. Der Bedarf für ein koordiniertes Vorgehen ist groß, entsprechend umfangreich ist die Zahl von Besprechungsteilnehmern und entsprechend ineffizient sind die Sitzungen. So verwundert es nicht, wenn die Zeit bis zum endgültigen Ergebnis immer länger dauert.

„Die 10 Gebote sind deshalb so einfach und klar,
weil sie nicht auf einer Sitzung verabschiedet wurden."

Konrad Adenauer

---

1) Vgl. Kunze (1993), S. 583
2) Vgl. Jacobi (1993), S. 161 ff.

Die erarbeiteten Lösungen sind dabei selten optimal. Zu viele Köche verderben auch hier den Brei. Das heißt, zu viele Gesichtspunkte machen das neue Produkt schwerfällig in der Abwicklung und kompliziert in der Beratung. Schon in der Entwicklungsphase werden die Weichen gestellt, inwieweit eine optimale Kundenzufriedenheit und eine fehlerfreie Abwicklung erreicht werden können. Kleine Fehler in dieser Phase zeigen große und nachhaltige Wirkungen. Jeder Fehler, der häufig auftritt, ist eine Konstruktionsschwäche.

Bei der Vielzahl möglicher Wiederholungen bei Kreditinstituten kann ein solch kleiner Fehler verheerende Wirkungen haben. So wird etwa behauptet, „daß selbst in gut organisierten Banken ca. 15 % der Arbeitskapazität in Zusammenhang mit fehlerhaften Leistungen, z. B. der Korrektur von Irrtümern, beansprucht wird." [1)]

Ein wichtiger Ansatz für qualitätsorientiertes Bankmanagement besteht darin, Fehlerursachen schon im Planungsstadium zu erkennen und zu eliminieren. Alle schweren und kostenträchtigen Fehler werden am Anfang gemacht und sind nur mit unverhältnismäßig großem Aufwand an Kosten und Zeit zu korrigieren.

Primäres Gestaltungsprinzip ist die Einfachheit. Je einfacher ein Vorgang ist, desto weniger Fehlermöglichkeiten bietet er. Darüber hinaus sind Selbststeuerungsmechanismen in die Abläufe einzubauen, die über die Erhöhung der Eigenverantwortung auch die Motivation der Mitarbeiter verbessern.

Auf eine große Gefahr ist dabei zu achten: Wer Strukturen und Abläufe ändert, unterbricht bestehende Zusammenhänge und zerstört gewachsene Bindungen. Ist dies schon im Innenbereich schmerzlich, so kann es für Kunden die Grenzen des Erträglichen überschreiten.

Kunden lassen sich nicht wie Schachfiguren auf dem Aufmarschfeld einer Bank oder Sparkasse hin- und herschieben. Daher ist an Änderungen, die Kunden betreffen, sehr sensibel heranzugehen. Vorbereitende Aufklärung und begleitende Informationen sind erforderlich, damit diese lebensnotwendigen Blutbahnen nicht durchschnitten werden. Es muß gelingen, die notwendigen Änderungen durchzuführen, ohne die Kunden vor den Kopf zu stoßen und sie dadurch zu verlieren.

---

1) Vgl. Stauss (1992), S: 114

Vitalprogramm „Strategische Optimierung von Geschäftsprozessen“
• Ausbau von Selbstbedienungsfunktionen für Kunden (Geldautomaten, Kontoauszugsdrucker, Phone-Banking, Btx) • radikaler Abbau von Papier • deutlich verkürzte Durchlaufzeiten • Reduktion der von einem Geschäftsprozeß betroffenen Stellen • Streichen von Kontrollen • Erhöhung der Eigenverantwortung • verstärkte Einbindung von EDV-Funktionen in Beratung und Abwicklung • Denken in Geschäftsprozessen • Anreichern von Aufgabenfeldern • intensivierte Personalentwicklung • Outsourcing: Auflösen von Bankbereichen und Verlagern auf Spezialanbieter (z. B. EDV, Botendienst, Kantine, Zahlungsverkehr, Wertpapier-Research)

Abbildung 10: Prozeßoptimierung

Kurz gefaßt

In jedem Kreditinstitut passieren täglich Fehler, die oftmals ähnlicher Natur sind.

Die Gründe dafür bei den ausführenden Mitarbeitern zu suchen ist einfach, die Ursachen sind jedoch vielfältiger.

Zu komplizierte Strukturen und Abläufe tragen sehr stark zur Produktion von Nichtqualität bei.

Eine Revolution der Betriebsabläufe ist notwendig, die Optimierung einzelner Funktionen ist zu wenig.

Dafür ist ein neues Denken in Geschäftsprozessen unbedingte Voraussetzung.

Quality Banking heißt, Fehlerursachen schon im Entwicklungsstadium zu erkennen und zu eliminieren.

Exkurs: Clean Banking.

Lean Banking ist in aller Munde. Es bietet vielerlei Ansätze einer Effizienz- und Qualitätssteigerung im Bankgeschäft. Damit Lean Banking zu voller Wirksamkeit kommt, bedarf es einer Vorstufe oder einer unbedingten Voraussetzung, nämlich dem von uns sogenannten „Clean Banking“ im Gegensatz zum „Dirty Banking“.

Wir verstehen es auf zwei verschiedene Arten:
Die äußere Sauberkeit muß stimmen! Und die Innere!

Äußerliche Sachverhalte sind das erste, was der Kunde zu Gesicht bekommt, wenn er mit seiner Bank zu tun hat. Je nach deren Ausprägung kann die Einstellung des Kunden angenehm oder unangenehm berührt sein. Wie etwa der Bankmitarbeiter gekleidet ist und wie sein Arbeitsplatz aussieht, beeinflußt die Qualitätswahrnehmung des Kunden fast genauso stark wie die eigentliche Leistung. Deswegen müssen negative Begleiterscheinungen konsequent beseitigt werden. Auch Mitarbeiter fühlen sich nicht wohl, wenn der äußere Rahmen an ihrem Arbeitsplatz zu wünschen übrig läßt. Teilweise sind sie allerdings selbst mit dafür verantwortlich. Hier müssen positive Vorbilder dafür sorgen, daß die Qualitätsspirale nach oben führt.

Neben der äußeren Sauberkeit muß im Bankgeschäft auch immer innere Sauberkeit unbedingt gegeben sein. Damit sind Fragen der Ethik, der Moral und des Vertrauens angesprochen. Die Regel von Robert Bosch „Lieber Geld verlieren als Vertrauen“ gilt ganz besonders für Banken. Hermann Josef Abs formulierte dies so: „Ich glaube, eine Bank muß Ethos, muß Glaubensgrundsätze der Moral tragen, diese vertreten und auch danach handeln. Auf jeden Fall kann sie nicht zur Verbesserung der Gewinn- und Verlustrechnung die Moral in den Hintergrund drängen.“

Die Anfechtungen, denen ein Banker ausgesetzt ist, werden immer vielfältiger. Umso mehr muß er zukünftig klare Linie beweisen. Ob es um die Einhaltung des Bankgeheimnisses geht, die Ausnutzung persönlicher Vorteile, eine Kreditgewährung in schwieriger Lage bis hin zu Unregelmäßigkeiten im Umfang mit Geld, sei dahingestellt. Beim Geld hört für die meisten Menschen der Spaß auf.

Gerade Banken und Sparkassen kommt ein hohes Maß an Verantwortung bei diesen Fragen zu, stehen sie doch im Zentrum ökonomischen Geschehens. Die großen Umwälzungen der heutigen Zeit erfordern, daß der Blick weit über die Grenzen kreditwirtschaftlicher Betätigung hinausgeht. Deshalb ist neben äußerer auch innere Sauberkeit für ein qualitätsorientiertes Bankgeschäft ein unbedingtes Muß.

4.5 Noch kundenorientierter, noch bescheidener

- Warum wird die persönliche gegenüber der technischen Qualität einer Bankleistung immer wichtiger?
- Sind Ihnen die Verhaltenssünden im Umgang mit Kunden bewußt?
- Wie sieht die zusätzliche „Wertschöpfung“ durch Mitarbeiter aus?
- Warum werden aus Unternehmern Unterlasser?
- Welche Rolle spielt die Personalentwicklung für eine Dienstleistungskultur?

„Fachkenntnisse, dargeboten mit schlechtem Benehmen wirken auf Kunden wie in Zeitungspapier eingewickelter Kaviar ... oder wie ein in Plastiktüten abgefüllter Jahrhundertwein.“

Oswald Hahn

Dieser Vergleich führt drastisch vor Augen, worauf es im Bankenwettbewerb immer mehr ankommt: auf die Mitarbeiter, die durch ihre Kompetenz und ihr Verhalten aus Bankprodukten erst eine Dienstleistung am Kunden im eigentlichen Sinne werden lassen. Die personenbezogene Qualität der Bankleistung bekommt immer stärkeres Gewicht gegenüber der eher technischen Qualität, die sich im Produktangebot, den Vertriebswegen, Öffnungszeiten etc. äußert. Je weniger sich diese Faktoren von Institut zu Institut unterscheiden, desto mehr wird die Art und Weise des Umgangs mit Kunden zum ausschlaggebenden Differenzierungsmerkmal.

Nach wie vor bleibt natürlich die Basisleistung, z. B. das konkrete Anlageprodukt oder die Zahlungsverkehrstechnik, Kernstück des Angebots. Ist diese originäre Leistung nicht wettbewerbsfähig, machen weitere Anstrengungen keinen Sinn. Bei objektiv gleichem Nutzwert sind es dann Serviceaspekte, die das primäre Angebot anreichern können und dadurch dessen individuellen Wert in den Augen des Kunden steigern.

Worin liegt die menschliche Komponente, die letztlich über das nüchterne Produkt hinaus Kundenbindungen schafft und festigt? Die eingangs zitierten Aussagen weisen schon darauf hin, daß Fachwissen notwendig, aber nicht ausreichend ist, um im Kundenkontakt zu überzeugen. Gefordert ist eine professionelle Serviceorientierung, bei der stets die Sicht- und Denkweise der Kunden im Mittelpunkt steht.

Wichtig ist für sie nicht, was der Kundenberater an Wissen angesammelt hat, sondern ob er in der Lage ist, sein Wissen auf ihre individuelle Situation anzuwenden. Dazu gehört zunächst das aufmerksame Zuhören, aber auch die verständliche Sprache.

Was jedem Gespräch von vornherein eine persönliche Note verleiht, gehört leider noch immer nicht zum selbstverständlichen Verhaltensrepertoire vieler Banker: sich selbst mit Namen vorzustellen und ihre Kunden mit Namen anzusprechen. [1] Zahlreiche Untersuchungen belegen, daß die Namensnennung häufig nur sehr sporadisch erfolgt, manchmal sogar gänzlich umgangen wird.

Jemanden beim Namen zu nennen, signalisiert Respekt, unter Menschen, die sich kennen, auch Vertrautheit. Mit Namen angesprochen zu werden, heißt, aus der Anonymität der Masse hervorgehoben zu werden. Wie wichtig dies für jeden Menschen, vor allem aber auch aus verkaufspsychologischer Sicht ist, liegt auf der Hand.

Wenig psychologische Kenntnisse sind erforderlich, um die Wirkung eines freundlichen Lächelns im Umgang mit Kunden abschätzen zu können. Und dennoch. Wie oft vergißt man, welche Zauberwirkung ein Lächeln haben kann: Der Gesprächspartner muß unwillkürlich auch lächeln. Selbst ein Griesgram wird seine erstarrten Züge etwas lockern.

Wer nicht lächeln kann, vergrault die Kunden. Wer nicht lächeln kann, ist im Dienstleistungssektor, mithin auch im Kreditgewerbe, fehl am Platze. Freundlichkeit und Höflichkeit gegenüber jedermann gehören zum Einmaleins der Kundenbedienung.

---

1) Geyer (1988), S. 31 ff.

Sie spiegeln sich nicht nur in Mimik und Sprache, sondern auch in der Körperhaltung und Gestik wider. Welcher Kunde fühlt sich noch ernstgenommen, wenn der Kundenberater lässig in seinem Stuhl lümmelt und mehr Blickkontakt mit dem Bildschirm hält als mit ihm?

Unlust und Arroganz sind unverzeihliche Verhaltenssünden. Nicht wenige Kunden sehen darin einen Grund, ihre Bank zu wechseln. Immer wieder belegen Studien, daß unfreundliches Verhalten von Bankmitarbeitern zu den häufigsten Abwanderungsgründen zählt.

Qualitätsmanagement heißt Kundenbindungsmanagement!

Der entscheidende Vorsprung im Wettbewerb gelingt dann, wenn die zuvorkommende, freundliche Behandlung, das Eingehen auf individuelle Bedürfnisse quasi zum Markenzeichen einer Bank wird. Ihre Leistungen werden jetzt aus Kundensicht nicht mehr als ohne weiteres austauschbar wahrgenommen. Sie haben einen zusätzlichen Wert bekommen, der Basis für dauerhafte Kundenbindungen ist.

Diese weitere „Wertschöpfung" erfordert ein markt- und kundenorientiertes Verhalten aller Mitarbeiter. Dazu gehören:

- Gute Umgangsformen,
- sich Zeit zu nehmen für ein störungsfreies Kundengespräch,
- die Fähigkeit, sich in die Lage des Kunden zu versetzen,
- Verständnis für seine individuellen Probleme zu haben,
- sich aktiv für Problemlösungen einzusetzen,
- auch Ausnahmesituationen souverän zu bewältigen,
- flexibel und unbürokratisch zu handeln,
- Initiative zu ergreifen,
- bedarfsorientiert und kompetent zu beraten,
- auch bei allen Tätigkeiten im Innenbetrieb die Zufriedenheit des Kunden im Auge zu haben.

Bei näherer Betrachtung beschreiben die aufgezeigten Erfordernisse eine unternehmerische Grundhaltung im Umgang mit Kunden. Unternehmerisches Handeln ist dabei nicht allein Sache des Filial- oder Abteilungsleiters. Jeder einzelne Mitarbeiter hat in seinem Wirkungskreis entsprechende Anforderungen und Möglichkeiten.

Etwa wenn der mit dem Aufschließen der Eingangstüre betraute Kassierer dem in klirrender Kälte wartenden Kunden drei Minuten früher öffnet. Eine professionelle Einstellung ist außerdem daran abzulesen, ob auch noch der letzte Kunde am Abend mit der gleichen Freundlichkeit und Zuvorkommenheit bedient wird wie der erste am Morgen.

„Etwas mehr bieten als die Kunden erwarten,
das kommt doppelt zurück."

Norbert Schwalbe, Hotelier

Bei den vielen täglichen Kleinigkeiten großzügig und hilfsbereit zu sein, z. B. die unaufgeforderte Ausgabe neuer Kontoauszugshefte oder das persönliche Weiterleiten von Kunden zu den gesuchten Ansprechpartnern schafft ein unverwechselbar kundenfreundliches Image.

„Äußerst der Kunde keinen Wunsch, dann hat er auch keinen", ist nicht die richtige Leitlinie. Um unternehmerisch handeln zu können, muß man sich in den Kunden hineinversetzen können, aus seiner Sichtweise mit- und vorausdenken. Hilfreich ist die Frage: **Wäre ich gerne mein eigener Kunde?**

Zur richtigen Beantwortung dieser Frage sollte man allerdings seine Kunden auch gut kennen. Nicht nur oberflächlich. Nicht nur die Kontonummer. Sondern auch Persönliches und Individuelles.

Die vielzitierten „Unternehmer vor Ort" können nur als solche agieren, wenn sie entsprechende Handlungsspielräume haben. Unabdingbare Voraussetzung dafür ist die Delegation von Aufgaben und Kompetenzen.

Kompetenzen stärken die Eigenverantwortlichkeit und schaffen Motivation. Wer im Kundenkontakt häufig offenlegen muß, daß er keine eigenen Entscheidungen treffen kann, fühlt sich herabgewürdigt und wird früher oder später frustriert sein. Dies konterkariert das Wunschbild von der selbstbewußten, reifen Persönlichkeit, die für Kunden ein gleichwertiger Gesprächs- und Verhandlungspartner sein soll.

Immer wieder zeigt sich auch, daß Mitarbeiter an Aufgaben und mit Kompetenzen „wachsen". Nicht jedes konditionenkritische Gespräch muß vom Filialleiter selbst geführt werden, nicht jedes Zehntel Sonderkonditionen von ihm abgezeichnet werden. Wie sollen Mitarbeiter zu selbständigen, verantwortungsbewußten Verhandlungspartnern entwickelt werden, wenn ihnen jegliche Eigenverantwortung abgenommen wird?

Die Vergabe umfassender, aber am Risikopotential orientierter Kompetenzen im Kreditgeschäft ist ebenso wichtig. Schnelle Entscheidungswege geben nicht selten den Ausschlag für das Zustandekommen eines Geschäfts. Ein leichtfertiger Umgang mit Kompetenzen ist in der Regel schon deshalb nicht zu befürchten, weil es meist leichter ist, Kredite nur zu befürworten, als sie auch eigenverantwortlich zu genehmigen. [1)]

Darüber hinaus sollte über Werbe- und Spendenetats ein gewisser finanzieller Handlungsspielraum geschaffen werden, der den Niederlassungen vor Ort zeitaufwendige, formalisierte Antrags- und Genehmigungsverfahren bei der Zentrale erspart.

Die Ausgabenpolitik für Anzeigen im örtlichen Mitteilungsblatt oder in der Vereinszeitschrift, aber auch von Kundenveranstaltungen in Eigenregie darf nicht zum „Verwaltungsakt" interner Abteilungen werden. Die Bank oder Sparkasse braucht Unternehmer und keine Unterlasser.

Kompetenzen im Sinne von Handlungsspielräumen müssen zu dem hinzukommen, was kundenorientierte Mitarbeiter ausmacht: Freundlichkeit, Höflichkeit, Fachwissen, verkäuferisches Talent und ein ausgeprägtes Servicebewußtsein. Erst dadurch kann eine Dienstleistungskultur entstehen, die Teil eines umfassenden Qualitätsmanagements ist. Sie muß gepflegt und in Anpassung an geänderte Bedingungen ständig weiterentwickelt werden.

Voraussetzung dafür ist, daß sich bereits die Mitarbeiterauswahl an der Eignung und Bereitschaft zur Dienstleistung orientiert. Nur wer Freude am Umgang mit Menschen hat und für den das Wort „dienen" keinen negativen Beigeschmack besitzt, kann letztlich auch Erfüllung in einer Tätigkeit im Kundenkontakt finden.

Der Grundstein für Qualitäts- und Servicebewußtsein wird bereits in der Ausbildungszeit gelegt. Entsprechende Trainingsinhalte, mehr noch die in der Praxis vorgelebte unternehmerische Kundenorientierung sozialisieren ein Denken und Handeln, das für den späteren Umgang mit Kunden prägend ist.

---

1) Vgl. Daum, Scholl (1993), S. 17 f.

So wie Fachwissen schnell veraltet und einer ständigen Aktualisierung bedarf, muß auch das Verhalten gegenüber Kunden immer wieder Gegenstand von Schulungen und Verkaufstrainings sein. Die Personalfluktuation sowie technologische Neuerungen und Änderungen in Gesetzgebung und Rechtsprechung mit direkter Auswirkung auf Kunden erfordern ein permanentes Vermitteln und Weiterentwickeln der Dienstleistungskultur einer Bank. Für ihre Mitarbeiter heißt die eindeutige Anforderung: noch freundlicher, noch höflicher, noch kompetenter, noch bescheidener sein.

Kurz gefaßt

Je weniger sich die technische Qualität des Bankenangebots unterscheidet, desto mehr wird die Ebene der Kundenbehandlung vom Wettbewerbsfeld.

Gefordert ist eine professionelle Serviceorientierung, bei der stets die Sicht- und Denkweise der Kunden im Mittelpunkt steht.

Verhaltenssünden im Umgang mit Kunden zählen zu den häufigsten Abwanderungsgründen.

Wenn Servicequalität zum Markenzeichen wird, ist die entscheidende Differenzierung im Wettbewerb gelungen.

Markt- und Kundenorientierung verlangen eine unternehmerische Grundhaltung der Mitarbeiter.

„Unternehmer vor Ort" können nur agieren, wenn sie mit ausreichenden Kompetenzen ausgestattet sind.

Kompetenzen stärken die Eigenverantwortlichkeit und Motivation. Die Eignung und Bereitschaft zum Dienst am Kunden muß bereits Kriterium bei der Mitarbeiterauswahl sein.

Eine Dienstleistungskultur erfordert ständige Pflege und Weiterentwicklung.

4.6 Ihre Briefe werden immer besser – bald können wir den ersten abschicken

- Welchen Briefstil pflegt ihr Haus?
- Verstehen Sie selbst alles, was in Briefen oder auf Formularen Ihre Kunden erreicht?
- Versteht das Ihre Frau / Ihr Mann oder Ihre Großmutter / Ihr Großvater?
- Wie fördern Sie die Telefonkultur in Ihrer Bank?

Die Idee zu diesem Buch war gerade geboren, da landete ein Brief auf meinem Schreibtisch: „Sehr geehrter Herr Pforzheim" lautete die Anrede. Mein Name ist Müller, ich arbeite nur in Pforzheim. Der weitere Inhalt des Schreibens konnte noch so interessant und wertvoll sein, er hat mich nicht mehr erreicht.

Wie viele solcher Schnitzer passieren täglich? Oft läßt sich die Fehlerursache elegant auf die EDV abwälzen. Doch diese führt doch nur aus, was wir ihr auftragen.

Schauen wir die Inhalte von Briefen an – wofür die EDV kaum verantwortlich zu machen ist – sieht es oft nicht viel besser aus. Wir verirren uns im Labyrinth von Schachtelsatzkonstruktionen, Beamtendeutsch treibt uns den Schweiß auf die Stirn, Bankchinesisch harrt auf den Dolmetscher und negative Formulierungen erzeugen eine Abwehrhaltung.

Die verwendete Sprache verrät das Institut. In Unternehmensgrundsätzen oder -leitbildern wird etwa herausgestellt, daß der Kunde König sei. Doch ist er es? Der vermeintliche „König Kunde" wird z. B. aufgefordert, seinen „Kreditantrag" zu stellen. Die Sprache degradiert ihn zum Untertan, dem der Kredit nach gebührender Bearbeitung „gewährt" wird.

Deshalb muß als erster Schritt der altertümliche obrigkeitliche Bankwortschatz weiter entrümpelt werden. [1] Auch im internen Gebrauch, denn die Wortwahl im Innern setzt sich nach außen fort. Ein gutes Rezept besteht

---

1) Vgl. Breitschuh (1993), S. 37

darin, sich als Vorgesetzter – auch als Vorstand – ausgehende Briefe anzuschauen und gegebenenfalls auf Fehler hinzuweisen.

Wie wirken Formulare, auf denen man erst nach intensiver Suche das Datum findet – oder den Betreff oder den Betrag. Nur wer es selbst erlebt hat, weiß, welche Irrgärten möglich sind. Denken wir an interne Arbeitsanweisungen, an Rundschreiben oder auch an Briefe für Kunden. Manche Sachverhalte sind so kompliziert dargestellt, daß sie nur derjenige versteht, der die Texte selbst verfaßt hat.

Vom amerikanischen General Grant wird folgendes erzählt. Nachdem er auf drastische Weise erfahren hatte, daß Befehle mißverstanden werden können, hielt er sich einen besonders einfältigen Soldaten in seinem Vorzimmer. Bevor er einen Befehl herausgab, las er ihn diesem jungen Burschen vor. Wenn der Soldat ihn verstand, ging der Befehl hinaus, wenn nicht, kehrte Grant an seinen Schreibtisch zurück, um ihn einfacher oder klarer zu formulieren.

Warum machen wir nicht das gleiche wie General Grant? Zu den am schnellsten wirkenden Qualitätsstrategien zählt die Bereinigung und Modernisierung des Schreibstils. Das ganze Brief- und Formularwesen einzubeziehen und aus einheitlichem Guß zu gestalten, ist ein konsequenter, aber weit aufwendigerer Schritt in die richtige Richtung.

Wie wohltuend war die Zeitungsmeldung „Beamtendeutsch soll verständlicher werden". Tatsächlich soll im Auftrag des Bundesinnenministeriums die deutsche Amtssprache entrümpelt und eine „bürgernahe Verwaltungssprache" propagiert werden. „Erklärungen müssen in klarer, verständlicher Sprache und ohne Obrigkeitsdünkel abgefaßt sein, damit der Bürger auf Anhieb einsieht, was er warum zu tun oder zu lassen hat." Begeben wir uns als Bank oder Sparkasse auf einen ähnlichen Weg. Wir haben viele Möglichkeiten, vieles besser zu machen. [1)]

Die besten Anhaltspunkte erhalten Sie, wenn Sie möglichst viele Produkte Ihrer Bank selbst nutzen. Dann bekommen Sie selbst alles auf den Tisch, womit auch Ihre Kunden konfrontiert werden. Schauen Sie alles durch die Brille Ihrer Kunden an.

---

1) Vgl. z. B. Geyer (1987), S. 41 ff.

Verstehen Sie dann noch die Wertpapierabrechnung mit WP-Kenn-Nr., Zinstermin, Stückzinsen, Zinssatz, Wertstellungstag, Kapitalertragsteuer, Freistellungsvolumen, Stückzinsstopf, und, und, und?

Ähnliches gilt auch beim Telefonieren. [1] Was fällt Ihnen auf, wenn Sie von außerhalb bestimmte Mitarbeiter, Abteilungen oder Ihre Telefonzentrale anrufen?

Wichtig ist, selbst zu erleben, was ein Kunde Ihrer Bank oder Sparkasse erlebt. Selbst Erlebtes ist am eindrucksvollsten. Es zeigt Ihnen, was klappt und was evtl. verbesserungsfähig ist.

Qualitätsfragen fürs Telefonieren können sein:

- Ist eine freie Telefonleitung verfügbar?
- Wie oft klingelt es, bis jemand abnimmt?
- Mit welcher Formulierung und Begrüßung meldet sich der Gesprächspartner?
- Ist er freundlich, kühl oder abweisend?
- Erreichte man auf Anhieb den richtigen Gesprächspartner?
- Wie wird man weiterverbunden?
- Wie lange dauert es, bis der richtige Gesprächspartner am Apparat ist?
- Wie wird der Kundenwunsch entgegengenommen?
- Wird ein Rückruf angeboten?
- Wird der zugesagte Rückruf dann auch eingehalten?

Kurz gefaßt

Es lohnt sich, alles was in schriftlicher Form die Bank oder Sparkasse verläßt, unter die Lupe zu nehmen.

Machen Sie den Stil-Check!

Die Entrümpelung und Bereinigung des Schreibstils sowie die einheitliche und klare Gestaltung aller Schriftstücke zählen zu den schnell wirkenden Qualitätsstrategien.

Testen Sie die eigene Telefonkultur und suchen Sie nach Verbesserungen.

1) Vgl. hierzu etwa: Volk (1993), S. 201 ff.

4.7 Wer sich beschwert, wird Stammkunde

- Sind Kundenreklamationen eher eine Bedrohung oder eine Chance für Ihre Bank oder Sparkasse?
- Wie können Sie in die Haut des Kunden schlüpfen, wenn er Sie kritisiert?
- Hat der Kunde recht, wenn er sich beschwert?
- Wie sehen es unsere Mitarbeiter, wenn der Kunde immer recht bekommen soll?
- Welchen Weg geht eine Reklamation?
- Können Sie auf Anhieb sagen, wo Beschwerden auftreten?
- Kann man gegen Reklamationen vorbeugen?

Ungeliebte Kinder sind in den meisten Kreditinstituten die Kundenreklamationen und deren Bearbeitung. Reklamationen werden als äußerst unangenehm empfunden, da sie Konfliktpotential beinhalten. Die Auseinandersetzung mit dem Kunden und oft auch mit internen Stellen ist vorprogrammiert. Das ist lästig und mit Aufwand verbunden.

Eine negative Haltung gegenüber Kundenbeschwerden stellt wohl den „Normalfall" dar. Sie verkennt die riesige Chance, dabei die Servicequalität einer Bank oder Sparkasse deutlich unter Beweis zu stellen. Jede Reklamation gibt die Möglichkeit, mit einem Kunden direkt in Kontakt zu treten, und zwar zu einem Zeitpunkt, an dem er am meisten das Bedürfnis dazu hat. Denn er fühlt sich in diesem Augenblick nicht richtig behandelt, übervorteilt, getäuscht, irritiert oder alleingelassen. Der Kunde verlangt den Kontakt, er braucht jemanden, dem er sein Herz ausschütten kann oder bei dem er seinen Frust abladen darf.

„Mißerfolg ist die Chance, es beim nächsten Mal besser zu machen."

Henry Ford

Und dies ist die einmalige Chance für die Bank oder Sparkasse, die Kundenbindung zu vertiefen. [1] Hohe und dauerhafte Kundenzufriedenheit entsteht eher bei den Kunden, deren Probleme nach einer Beschwerde souverän und angemessen beseitigt wurden als bei jenen Kunden, sie sich gar nicht beschweren, sondern ihren Ärger mit sich herumtragen.

Fehler passieren überall. Dafür hat man ein gewisses Verständnis. Aber eine prompte und unbürokratische Beseitigung der Fehler ist nicht selbstverständlich. So sind in vielen Fällen die Kunden nach der Reklamationsbearbeitung durch das Kreditinstitut noch unzufriedener als nach dem Auftreten des Problems selbst. Das heißt doch nichts anderes, als daß bei der Reklamationsbearbeitung einiges, vielleicht sogar vieles falsch gemacht wird.

Quality Banking muß deshalb über die reine Reklamationsbearbeitung hinaus ein ganzheitliches Reklamationsmanagement beinhalten. [2] Doch dieses ist schwierig zu handhaben, da es sich weniger logisch, sondern mehr psychologisch angehen läßt. Wenn sich ein Kunde über sein Kreditinstitut ärgert, das Verhalten eines Bankmitarbeiters oder die Abwicklung eines Bankgeschäftes beanstandet, dann ist aus seiner Sichtweise die Reklamation berechtigt. Denn sonst müßte er sich nicht ärgern. Für die meisten Menschen ist es immer noch eher unangenehm, etwas zu beanstanden, obwohl Kunden auch hier dazulernen und vor allem deutlich selbstbewußter auftreten.

Von seiten der Bank oder Sparkasse gesehen ist eine Reklamation ein Angriff, entweder auf die Bank selbst oder direkt auf den Mitarbeiter. Die unbewußte Reaktion ist, den Angriff sofort abzuwehren. Deshalb wird oft versucht, dem Kunden unmittelbar zu beweisen, daß sein Vorwurf völlig unberechtigt ist. Damit sollen auch Selbstvorwürfe und Beschuldigungen der Vorgesetzten im Keim erstickt werden. Es mag teilweise sogar Vergnügen bereiten, dem Kunden vor Augen zu führen, daß er unrecht hat.

Solche Äußerungen bewirken lediglich, daß der Bank- oder Sparkassenkunde noch mehr in Rage gerät. Ähnliches passiert selbst bei Aussagen, die beruhigen sollen.

---

1) Vgl. Schmid/Peill (1994), S. 225 f.
2) Vgl.Biallo, Horst (1993), S. 41 f.

Vermeintliche Angriffe des Kunden provozieren Verteidigung oder Gegenangriff. Auf dieser Basis kann Beschwerdemanagement nicht funktionieren. Um aus diesem Teufelskreis herauszukommen, brauchen wir eine andere Sichtweise. Wir müssen in die Haut des Kunden schlüpfen, das Problem aus seinem Blickwinkel betrachten, ihm zuhören.

Das führt oft dazu, von Bankseite aus zu sagen: Der Kunde hat recht! Allerdings – mit einer solchen Einstellung beißen wir bei den Bank- und Sparkassenmitarbeitern oft auf Granit. Es kann aus deren Sicht nicht sein, daß der Kunde recht hat. Vor allem nicht immer. Sie empfinden dies als Attacke auf ihr Selbstwertgefühl.

Aus diesem Dilemma kommen wir nur heraus, wenn wir intern Fehler akzeptieren und damit Beschwerden nicht zu Katastrophen werden lassen. In der Realität hat der Kunde meistens auch nicht völlig recht, sondern in mehr oder weniger großem Umfang. Jedes Problem hat üblicherweise zwei Seiten und damit auch zwei Standpunkte.

Nicht die Reklamation, sondern der richtige Umgang mit ihr, muß entscheidend sein. Wie der Verkaufsexperte Heinz M. Goldmann vorschlägt, müssen wir die Formel „Der Kunde hat immer recht!“ ändern in die Frage: „Lohnt es sich, dem Kunden recht zu geben?“ [1] Dies ist die eigentliche Basis für ein effektives Beschwerdemanagement.

Wird die Beschwerde von der verursachenden Stelle bereinigt, hat das stark erziehende Wirkung. Es darf allerdings nicht übersehen werden, daß manchmal das Klima zwischen Kunde und gerade dieser Stelle intensiv gestört ist. Darum ist es häufig besser, eine neutrale Stelle, z. B. die Revision oder den nächsten Vorgesetzten einzuschalten. Oft tut sich der verursachende Bankmitarbeiter auch schwer, die Sichtweise des Kunden zu verstehen. Darum empfiehlt es sich umso mehr, eine objektivere Stelle mit einzubinden.

Für eine einheitliche, zentrale Reklamationsbearbeitung spricht die Neutralität dieser Stelle. Lerneffekte für die Verursacher werden damit jedoch teilweise ausgeschlossen. Schaltet sich der Vorstand direkt und persönlich in das Reklamationshandling ein, so unterstreicht dies nach innen und dem Kunden gegenüber das Gewicht, das die Sparkasse oder Bank auf

1) Vgl. Goldmann (1984), S. 304 f.

Fehlerbeseitigung und Kundenzufriedenheit legt. Die Wirkung ist manchmal unglaublich, wenn der Vorstand persönlich oder auch am Telefon mit unzufriedenen Kunden spricht. Selbst hoffnungslos verfahrene Fälle lassen sich so noch retten.

In jedem Falle lohnt es sich, wenn das Kreditinstitut großzügig handelt. Es gibt Untersuchungen, die belegen, daß mehr als 50 % der Reklamierenden, deren Beschwerde zufriedenstellend bearbeitet wurde, nachher zu den Stammkunden zählten. [1] Sicher tut es der Bank oder Sparkasse weh, 2.000, 14.000, 65.000 Mark oder noch weit mehr für einen Fehler bezahlen zu müssen. Dies umso mehr, je klarer die Rechtsposition, besonders im Kleingedruckten, für die Bank spricht. Allerdings sind 10.000 Mark für einen Familienvater eine andere Größenordnung als für eine Bank.

Das kann nicht bedeuten, daß Entschädigungen ohne jegliches Augenmaß gewährt werden. Es ist ein schmaler Grat, auf dem wir uns bewegen. Erfahren Kunden Großzügigkeit, wird sie oftmals ähnlich erwidert. Sei es durch einen Kompromiß, den Abschluß neuer Geschäfte oder die Empfehlung an andere. Insgesamt zahlt es sich für die Bank oder Sparkasse aus, die Frage: „Lohnt es sich, dem Kunden recht zu geben?“ in vielen Fällen zu bejahen.

Ein weiterer Gesichtspunkt ist die **Schnelligkeit**, mit der eine Reklamation beantwortet wird. Dies gilt auch für Auskünfte und Anfragen. In einfachen Fällen läßt sich vieles sofort klären. Schwierige Sachverhalte brauchen etwas Zeit. Der Kunde hat dafür Verständnis – doch nur begrenzt. Eine Zwischennachricht kann helfen, seinen Ärger nicht wieder neu aufleben zu lassen.

Im Normalfall erwartet allerdings der Kunde innerhalb einer Woche eine Antwort. Das stellt gewisse Anforderungen an die interne Organisation des Reklamationshandlings. Schwierigkeiten bereitet es oft schon, die betroffene Stelle zu finden, da Kunden meist an das Kreditinstitut als solches oder an den Vorstand schreiben. Ihnen ist die interne Organisation fremd. Selbst als Insider tut man sich mit der Zuordnung zuweilen schwer, da oft mehre Stellen von einer Angelegenheit berührt sind.

---

1) Vgl. GWI (1989)

Wie empfindet es der Kunde, wenn er auf seinen Beschwerdebrief hin innerhalb von drei Wochen von drei verschiedenen Stellen der Bank Antwort erhält? Die bürokratischen Wege sind sehr vielfältig. Sie führen teilweise zu absonderlichen Ergebnissen, teilweise zu fürchterlichen und teilweise zu gar keinen. Wer den Ablauf des Reklamationshandlings nicht einigermaßen festlegt, darf sich über solche Auswüchse nicht wundern. [1)]

Nötig ist zunächst eine Bestandsaufnahme und daraus abgeleitet ein klarer Handlungsleitfaden. Beantworten Sie dazu folgende Fragen:

- Wo gehen Reklamationen ein?
- Wie werden mündliche Beschwerden entgegengenommen?
- Wie werden Reklamationen in der gesamten Bank weitergeleitet?
- Wie schnell und unter welchen Umständen werden Vorgesetzte eingeschaltet?
- Wo liegen die Kompetenzen für Zugeständnisse?
- Welche Stelle bearbeitet die Beschwerde?
- Wie stimmen sich mehrere Betroffene ab?
- Wann erhält der Kunde einen Zwischenbescheid?
- In welchen Fällen wird telefonisch oder schriftlich geantwortet?
- Wann wird der Kunde persönlich besucht?
- Wer tut dies?
- Werden Beschwerden systematisch erfaßt, analysiert und diskutiert?

Reklamationen werden von seiten der Bank häufig als Ausnahmefall betrachtet. Doch die Beschwerde aufgrund einmaliger Vorkommnisse gibt es nicht.

Wenn es stimmt, daß sich nur etwa zwei bis vier Prozent der Kunden beschweren, dann sind Reklamationen deutliche Warnungen. Sie zeigen mehr als zunächst sichtbar. Deshalb empfiehlt es sich, Reklamationen in größeren Zeiträumen zu analysieren. Die Einzelfälle fügen sich in Wirklichkeit zu einem großen Strickmuster zusammen. Aus der Analyse lassen sich Veränderungen und Trends erkennen, die wichtige Hinweise für das Bankmanagement beinhalten.

Die Ergebnisse sollten mit den Führungskräften und den Mitarbeitern diskutiert werden. Nicht zuletzt auch deshalb, weil die Ursachen der Be-

1) Vgl. z. B. auch Drewes, Klee (1994), S. 42 ff.; Leicher (1993), S. 48 ff.; Sturm (1991), S. 128 ff.

schwerden beseitigt werden müssen. Sonst läuft das Beschwerdemanagement Gefahr, nur an den Symptomen zu kurieren.

Kreditinstitute, die von ihren Kunden mehr erfahren wollen, provozieren Reklamationen. Sie fordern ihre Kunden auf, sich über negative Erfahrungen – und positive – zu äußern. Das Aufstellen von Beschwerdebriefkästen oder Auslegen von Antwortkarten sind Möglichkeiten dazu. Einen anderen Weg gehen jene Geldhäuser, die Kunden zu Workshops, Kundenstammtischen o. ä. einladen. Auf diese Weise erfahren sie von Wünschen, Erwartungen, Anregungen und Kritik aus erster Hand und vor allem bevor es zu direkten Beschwerden kommt.

Sich mit seinen Kunden unmittelbar auszutauschen hat viel mehr Wirkung als dicke Ausarbeitungen und Berichte. Einige Kreditinstitute haben schon sehr gute Erfahrungen mit diesem Instrument gemacht. Doch bisher überwiegen noch deutlich Skepsis und Angst.

Bleiben wir realistisch. Alle Anstrengungen einer Bank oder Sparkasse werden nicht dazu führen, daß keine Beschwerden mehr bei ihr eingehen. Es gibt immer wieder veränderte Situationen, neue Angebote und andere Mitarbeiter, die neue Probleme verursachen, an die niemand im vorhinein gedacht hat. Wichtig ist, daß Beschwerden ernst genommen und schnell und großzügig aus der Welt geschaffen werden.

Kurz gefaßt

Kunden sind oft nach der Reklamationsbearbeitung noch unzufriedener als beim Auftreten des Problems.

Ein effektives Beschwerdemanagement bietet die große Chance, aus unzufriedenen Kunden Stammkunden aus Überzeugung zu machen.

„Lohnt es sich, dem Kunden recht zu geben?" ist die Basis für ein erfolgreiches Beschwerdemanagement.

Lerneffekte sprechen deutlich für eine Reklamationsbereinigung in der Nähe des Verursachers.

Der persönliche Einsatz des Vorstandes hilft selbst in verfahrenen Fällen.

Großzügige Regulierungen zahlen sich aus – auch für die Bank oder Sparkasse.

Bürokratischer Sand im Getriebe darf die Antwort an den Kunden nicht verzögern.

Beschwerden sind keine Einzelfälle, sie zeigen nur die Spitze des Eisbergs.

Die Ursachen der Beschwerden, und nicht nur die Symptome, müssen beseitigt werden.

Vorbeugende Maßnahmen, etwa Kunden-Workshops oder sonstige Kundengespräche, helfen, Beschwerden zu vermeiden.

4.8 Die beste Werbung kostet nichts – zumindest nicht viel

- Wieviel gibt Ihre Bank oder Sparkasse jährlich für Werbung aus?
- Kennen Sie die Wirkung der einzelnen Werbemittel?
- Wie oft haben Sie etwas gekauft aufgrund einer Empfehlung eines Bekannten oder eines Freundes?
- Wie oft haben Sie wegen einer negativen Äußerung eines Bekannten von einem Kauf abgesehen?
- Gibt es kostenlose Werbung?
- Sind Mitarbeiter Werbemedien per se?
- Sind Mitarbeiter kritischer als Kunden?

Jahr für Jahr geben Kreditinstitute riesige Summen für Werbung aus. Ausgefeilte Anzeigenkampagnen, Hochglanz- und neuerdings auch Recyclingpapierprospekte, Dia-Shows, Videos, Multi-Media-Präsentationen werden täglich eingesetzt. All dies soll Kunden und Nichtkunden davon überzeugen, daß die werbende Bank oder Sparkasse die beste, ihr Angebot das attraktivste ist. Viele der eingesetzten Werbegelder sind wahrscheinlich zum Fenster hinausgeworfen. Doch welche?

„Ohne Werbung Geschäfte machen ist so,
als winke man einem Mädchen im Dunkeln zu.
Man weiß zwar, was man will, aber niemand sonst."

Stewart Henderson Britt

Werbung muß sein. Ihre Wirkung ist vorhanden, selbst wenn manchmal Zweifel an der Art der Werbung oder ihrer Intensität vorgebracht werden. Gerade für Quality Banking ist Werbung enorm wichtig. Die eigene Leistungsfähigkeit und Leistung muß kommuniziert werden, damit sie auch wahrgenommen wird.

Die erfolgreichste Form der Werbung, die so gut wie nichts kostet, ist im Prinzip ein Selbstläufer: die Mund-zu-Mund-Propaganda. Erstaunlicherweise wird sie von Banken wenig beachtet und auch kaum in der Literatur thematisiert. Sie führt ein Schattendasein, obwohl sie in ihrer Wirkung kaum bestritten ist.

Mund-zu-Mund-Propaganda ist wie Himmel und Hölle. Sie hat ein doppelköpfiges, aber asymmetrisch verzerrtes Janusgesicht. Empirisch gestützte Aussagen stellen ziemlich übereinstimmend fest, daß

- Kunden etwa 4–7 Bekannten oder Freunden von positiven Erlebnissen erzählen
- Kunden mit negativen Erfahrungen dies in ca. 15–20 Fällen tun.

Üblicherweise wird in unseren Breiten Negatives eher registriert und weitererzählt als Positives. Das Positive ist der zu erwartende Normalfall, den man stillschweigend hinnimmt. Dies hängt sicher mit der Neigung gerade der Deutschen zusammen, Lob äußerst sparsam anzuwenden.

Die Effekte aus der angeführten Asymmetrie wollen wir an einem Rechenexempel darlegen. Angenommen, eine Bank oder Sparkasse hätte 100 000 Kunden. Von diesen würden während eines Jahres 1 % negative und 0,5 % positive Erfahrungen bewußt registrieren. Das bedeutet, daß diese Kunden rein rechnerisch

- ihre negativen Erlebnisse an ca. 15 000 bis 20 000 Personen weitergeben
- ihre positiven Erlebnisse etwa 2 000 bis 2 500 Personen mitteilen.

Selbst wenn diese Zahlen nur grob die Richtung vorgeben, wird doch drastisch verdeutlicht, welche Multiplikator-Wirkungen möglich sind. Es lohnt sich also, sich mit Mund-zu-Mund-Werbung und ihren Ursachen auseinanderzusetzen. Vordringlich geht es darum, Möglichkeiten für negative Kundenerlebnisse zu bekämpfen, wo man nur kann. Dabei darf man selbst vor den geringsten Winzigkeiten nicht zurückschrecken. Sowohl im direkten Kontakt zum Kunden als auch intern.

Das weitere ist, Kunden ganz bewußt zu positiven Erlebnissen zu führen; z. B.:

- das unerwartete kleine Präsent,
- der Anruf, um auf eine neue Anlagemöglichkeit aufmerksam zu machen,
- das Lächeln beim Verabschieden,
- die aufgeräumte Geschäftsstelle,
- die flexible Bedienung,
- die rasche Bearbeitung des Kreditkartenantrages,
- die Einladung zu einer Veranstaltung.

Kunden werden auf diese Weise zu den besten Werbebotschaftern der Bank oder Sparkasse.

Wie gern folgt man selbst einer Empfehlung, einem Hinweis von Bekannten oder Freunden. Damit hat man doch gleich eine zusätzliche Sicherheit für die eigene Entscheidung. Besonders dann, wenn Kunden fachlich überfordert sind, werden rationale Entscheidungskritierien durch emotionale Beweggründe immer stärker verdrängt.

Ein cleverer Banker nutzt diese Zusammenhänge. Er bittet seine Kunden, ihn und sein Institut an Bekannte weiterzuempfehlen. Wenn der Kunde sich exzellent betreut fühlt, wenn etwas mehr als zu erwarten getan wurde, hat er fast eine moralische Verpflichtung, dem Bankmitarbeiter diesen Gefallen zu tun. Er wird seine positive Erfahrung weitererzählen – kostenlos. Auf diese Art lassen sich ganze Empfehlungsketten aufbauen.

Mit Mund-zu-Mund-Werbung läßt sich viel bewirken. Sie

- festigt Kundenbeziehungen,
- erleichtert neue Abschlüsse,
- bringt neue Kunden,
- hält die Konkurrenz in Schach,
- kostet nichts und
- wirkt nachhaltig.

Voraussetzung dafür ist eine exzellente Qualität in allen Bereichen. Auf ihr gründet der Qualitätsruf einer Bank, der letztlich unschätzbaren Wert hat.

Was oft übersehen wird, tatsächlich aber enorme Bedeutung hat, ist die Botschafterfunktion der eigenen Mitarbeiter. Auch sie betreiben – bewußt oder unbewußt, im positiven wie auch im negativen Sinn – Werbung für ihren Arbeitgeber.

Doch wie schon festgestellt, haben Mitarbeiter eine kritischere Haltung zu ihrer eigenen Bank bzw. Sparkasse als Kunden. Sie sehen mehr Schwächen bei ihrem Institut als Externe und empfinden diese meist auch viel stärker.

Was denken aber Verwandte, Bekannte, Freunde, wenn sich der Mitarbeiter einer Bank negativ über sein Institut äußert? Und seine Stimmung ist doch bisweilen absolut am Tiefpunkt. Anlässe dafür gibt es genug, sei es die abgelehnte Gehaltserhöhung oder die schlechten Arbeitsbedingungen.

Wie schnell ist man als Mitarbeiter eines Kreditinstituts bereit, seinen Frust anderen zu verkünden – möglichst vielen. Die sollen nur wissen, wie unmenschlich es in der Bank oder Sparkasse zugeht, wie schlecht das Betriebsklima ist, wie mies die Konditionen sind. Das tut gut, alles abladen zu können, das befreit.

Wie müssen solche Aussagen von Mitarbeitern einer Bank auf Außenstehende wirken? Verheerend. Vermutlich wirken die Äußerungen eines Internen wesentlich vernichtender, wesentlich intensiver und nachhaltiger als die eines Externen. Denn die eigenen Mitarbeiter müssen es ja genau wissen. Sie bekommen ihre Eindrücke und Informationen sozusagen aus erster Hand. Sie erleben tagtäglich die unverfälschte, ungeschönte Realität. Ihrem Urteil wird daher hohe Glaubwürdigkeit beigemessen.

Deswegen ist es so wichtig für ein Kreditinstitut, seine Mitarbeiter zu pflegen. Die Bank oder Sparkasse braucht positiv eingestellte Mitarbeiter wie die Luft zum Atmen. Egal ob Abteilungsleiter, Bote, Firmenkundenbetreuer, Vorstand, Kassierer, Wertpapier- oder Außenhandelsspezialist – positiv müssen sie sein.

Qualität ist etwas äußerst Positives. Für die Bank. Für ihre Mitarbeiter. Für ihre Kunden. Für alle. Wer Positives erreichen will, kann dies nur, wenn er selbst positiv eingestellt ist, positiv denkt und handelt.[1)]

Deshalb wird eine Bank oder Sparkasse umso höhere Qualität erreichen, je mehr positive Mitarbeiter sie hat und je mehr Freude diese an ihrer Arbeit finden.

Und hier kann die Bank selbst Einfluß nehmen:

- durch die Auswahl geeigneter Mitarbeiter,
- durch die Personalentwicklungsmaßnahmen,
- durch die Behandlung ihrer Mittarbeiter,
- durch die Förderung positiver Einstellungen,
- durch die Gestaltung der Arbeitsabläufe,
- durch die Pflege eines mitarbeiterorientierten Führungsstils,
- durch die Förderung eines gedeihlichen Arbeitsklimas und, und, und.

---

1) Vgl. Ohoven (1992), S. 73 ff.

Mitarbeiter haben eine besonders empfindsame Stelle: ihr Stolz. Sie wollen stolz sein auf ihren Arbeitsplatz, ihre Kunden, ihr Institut. Jeder träumt davon, ein Held zu sein. Es ist schon ein gewaltiger Unterschied, in irgendeiner zweitklassigen Klitsche zu arbeiten oder Mitarbeiter einer angesehenen, führenden Bank bzw. Sparkasse zu sein.

Deswegen ist es so überaus wichtig, den Stolz der eigenen Mitarbeiter zu fördern und zu pflegen. Nicht deren Überheblichkeit, sondern ihren Stolz auf die eigene Leistung und die Qualität ihrer Bank oder Sparkasse.

„Hervorragende Leistungen werden von Menschen hervorgebracht, die Mut, Leidenschaft und Optimismus besitzen."

Lassen Sie daher Ihre Mitarbeiter teilhaben an den Erfolgen ihres Hauses. Pflegen Sie die Beziehungen untereinander. Feiern Sie Feste. Treiben Sie miteinander Sport. Freuen Sie sich gemeinsam über Auszeichnungen. Treten Sie gemeinsam auf. Zeichnen Sie Mitarbeiter mit guten Leistungen aus. Seien Sie stolz – gemeinsam – auf Ihr Haus.

Ihre Mitarbeiter werden diese positive Grundstimmung nach innen und nach außen weitergeben. Sie werden weitererzählen, wie wohl sie sich fühlen, wie gut ihre Abteilung oder ihre Filiale, wie hervorragend ihre Bank ist.

Kurz gefaßt

Kreditinstitute geben riesige Summen für Werbung aus – Jahr für Jahr.

Für das Qualitätsmanagement einer Bank oder Sparkasse stellt Werbung eine wichtige Verbindung zwischen dem eigenen Haus und dem Kunden dar: Qualität muß kommuniziert werden.

Mund-zu-Mund-Werbung ist die erfolgreichste Art der Werbung.

Sie kostet nichts, außer dem ständigen Bemühen um Qualität – und dies sowohl nach innen als auch nach außen.

Voraussetzung für erfolgreiche Mund-zu-Mund-Werbung ist, negative Kundenerlebnisse zu vermeiden, positive zu fördern.

Die Mitarbeiter der Bank oder Sparkasse sind äußerst wirkungsvolle Werbeträger.

Doch von nichts kommt nichts. Mitarbeiter müssen gepflegt werden, sie müssen positiv eingestellt sein.

Kurz: Alle Mitarbeiter sollten stolz sein können auf ihre Sparkasse bzw. Bank. Dann sind sie die beste Werbung für Ihr Haus.

4.9 Qualität durch Menschen

- Warum können Technik und Qualität konfliktär sein?
- Welche Grenzen setzt Qualität technischer Machbarkeit?
- Worin liegt das wohl bedeutendste „Qualitätsdefizit" der Technik?
- Welche Rolle spielt der Mensch im Hinblick auf technisch beeinflußte Qualität?

Fast futuristisch muten die Eingangszonen vieler Geldhäuser heute an. Ein Bollwerk aus Technik erwartet den Kunden, der an Selbstbedienungsautomaten Bargeld abheben oder Kontoauszüge ausdrucken will. Immer öfter finden sich daneben Multifunktionsterminals, über die einfache Standardgeschäfte abgewickelt werden können. Das Spektrum reicht von Überweisungsvorgängen, Scheckbestellungen und Daueraufträgsänderungen bis hin zum Abschluß wenig erklärungsbedürftiger Produkte.

In Spezialbereichen werden zuweilen auch sogenannte Multimediageräte eingesetzt, die über eine Menüsteuerung umfassende Informationen, z. B. zum Immobilienangebot, liefern. Stehende und bewegte Bilder, so etwa Grundrißabbildungen, Daten zur Ausstattung oder gar eine „Videobegehung" des Objektes werden dabei von Musik und gesprochenen Informationen untermalt. TV-Geräte, die die neuesten Börsennachrichten verbreiten sowie an Wertpapierinformationssysteme gekoppelte Abfrageterminals vervollständigen die High-tech-Welt in den oft eigens abgegrenzten SB-Centren der Banken. Der Siegeszug der Technologie hat unübersehbar direkt an der Kundenfront Einzug gehalten.

Längst ist die elektronische Datenverarbeitung hinter den Kulissen der Bankbetriebe nicht mehr wegzudenken. Die Zahlungsverkehrsabwicklung mit ihren rasanten Veränderungen kann nur noch dv-gestützt bewältigt werden. Hier liegen auch die größten technisch bedingten Rationalisierungsvorteile der letzten Jahre.

Überall, wo es um das Vorhalten und die Verarbeitung von Massendaten geht, ist die maschinelle Abwicklung – nicht zuletzt unter Kostenaspekten – unverzichtbar. Es gibt heute keinen Bereich mehr, der nicht in irgendeiner Form auf DV-Technik angewiesen ist. Kein Ablauf kann geändert, keine noch so geringe Produktmodifikation kann ohne Einschaltung von DV-Organisatoren vorgenommen werden.

Damit wird andererseits auch deutlich, wie groß die Abhängigkeiten von der Technik und mithin von den sie betreuenden Spezialisten mittlerweile sind. Nicht zu unterschätzen ist dabei die Gefahr, unter das Diktat der Technik zu geraten.

Dies ist der Fall, wenn Prozesse, Abläufe und Strategien an die Erfordernisse der EDV angepaßt werden und nicht, wie es eigentlich sein sollte, umgekehrt. Da kann z. B. eine Geldanlage nur unter kompliziertesten Bedingungen verlängert werden, weil die entsprechende Software eigentlich für ganz andere Produktmerkmale konzipiert wurde und die unter Effizienzgesichtspunkten höchst wünschenswerte Verlängerungsmöglichkeit nicht vorgesehen ist.

Hier tut sich ein nicht unbeträchtliches Konfliktpotential zwischen technischen und Qualitätserfordernissen auf. Kompromisse oder wie auch immer geartete Lösungen können nur durch die Kommunikation und die Abstimmung zwischen Menschen herbeigeführt werden.

Sie haben dafür zu sorgen, daß das interne Handling allen Anforderungen, etwa in vertraglicher und rechtlicher Hinsicht – z. B. die Beachtung von Kündigungs- und Kündigungssperrfristen bei Spareinlagen – genügt. Gleichzeitig müssen interne und externe Qualitätsanforderungen, zum Beispiel vereint in der Forderung nach einer einfachen, möglichst unbürokratischen Produktverlängerung, Beachtung finden.

Auch hier sind es die Menschen, die die Vor- und Nachteile abzuwägen und eine Entscheidung zu fällen haben. Lohnt es sich zum Beispiel, mit aufwendigster Technik jederzeit aktuelle Kursinformationen von den Börsen aus aller Welt als SB-Abfragemöglichkeit vorzuhalten? Oder handelt es sich nur um eine teure Spielerei für ein paar Börsenfreaks?

Ebenso kann die technische Machbarkeit zu einer internen Informationsüberflutung führen. Der Nutzen von Kundeninformationssystemen, Produkt- und Konditioneninformationen mit Beratungshilfen sowie computerunterstützter Sachbearbeitung stößt dort auf Grenzen, wo Mitarbeiter mit der Anwendung der Systeme überfordert sind.

Weniger ist auch hier mehr. Für die Auswahl und Bereitstellung der „richtigen" Informationen, für die Benutzerfreundlichkeit der Systeme und die Anwenderschulungen ist wiederum Qualität durch Menschen gefordert.

Probleme ganz anderer Art ergeben sich, wenn die Technik versagt. Nicht nur, weil die Arbeit in vielen Bereichen lahmgelegt wird, sondern auch, weil es dann oft gilt, mit geballtem Kundenunmut fertig zu werden. Nicht funktionierende Geldausgabeautomaten führen mit schöner Regelmäßigkeit zu geharnischten Kundenbeschwerden.

Menschen sind es dann, die für Funktionsmängel der Technik vor Kunden geradestehen und sich um anderweitige Lösungsmöglichkeiten bemühen. Dies berührt das wohl bedeutsamste „Qualitätsdefizit" der Technik. Sie kann menschliche Zuwendung und Wärme nicht ersetzen. Besonders dann, wenn der Kunde verärgert ist, weil die Technik nicht funktioniert. „High-tech, Low-touch" könnte die Überschrift hierzu lauten. Kunden wollen den persönlichen Kontakt zum Bankmitarbeiter, freuen sich über das freundliche Lächeln, die vertraute Begrüßung.

„Technik produziert einen kalten Glanz."

Gertrud Höhler

Technik kann immer nur Standardlösungen bieten. Vorprogrammierte Leistungen, die die Masse der Geschäftsvorfälle abdecken sollen, aber eben keine Individualität zulassen. Einfachstes Beispiel ist die nicht beeinflußbare Stückelung von Geldabhebungen am Bankomat. Ebensowenig kann Technik „initiativ" werden im Sinne einer kreativen Bedarfserkennung beim Kunden und dem darauf aufbauenden weiteren Produktangebot. All das, was an entsprechenden Impulsen einem Kundengespräch zu entnehmen ist, geht in der Mensch-Maschine-Kommunikation unter.

Hinzu kommen, insbesondere bei älteren Menschen, Berührungsängste mit Automaten und anderen technischen Geräten. Sie fühlen sich deren Bedienung häufig nicht gewachsen. Wer Kundenorientierung ernst nimmt, muß auch diese Wünsche und Ängste ernst nehmen.

Die Nutzerzahlen des „Home-banking" via BTX oder Telefon belegen ebenfalls sehr deutlich, daß – durchaus komfortable – technische Neuerungen nur einen begrenzten Kundenkreis ansprechen.

Unzweifelhaft verkörpert die Technik ein unverzichtbares Standbein des bankbetrieblichen Erfolgs. Insoweit stellt sie einen Schlüssel zu höherer Qualität dar. Schnelle Zugriffsmöglichkeiten auf Daten und die effiziente Nutzung der ständig expandierenden Informationspotentiale sind von strategischer Bedeutung im Wettbewerb. Auch im Werben um die Gunst des Kunden spielt innovative Technik und das damit verbundene moderne Image unbestritten eine große Rolle.

Dennoch darf, gerade mit Blick auf die – wie es scheint – neu entdeckte Dienstleistungskultur in Banken nicht vergessen werden, daß es letztlich Menschen sind, die Qualität schaffen. Ihrer Intelligenz, Kreativität, Kommunikationsfähigkeit, ihrer Motivation und ihren sozialen Kompetenzen ist es zu verdanken, daß Technik mit Leben erfüllt wird.

„Eine Maschine kann die Arbeit von fünfzig gewöhnlichen Menschen leisten, aber sie kann nicht einen einzigen außergewöhnlichen ersetzen."

Elbert Hubbard

Kurz gefaßt

Es gibt keinen internen Bereich mehr, der nicht in irgendeiner Form auf DV-Technik angewiesen ist.

Technische bedingte Abläufe stehen nicht immer in Einklang mit internen oder externen Qualitätsanfordernissen.

Nicht alles, was technisch machbar ist, ist auch sinnvoll und nutzbringend.

Technikversagen stellt aus Kundensicht eine empfindliche Qualitätseinbuße dar.

Technik kann Bedürfnisse nach menschlicher Zuwendung nicht erfüllen.

Technik bietet Standardlösungen.

Individuelle Wünsche und Impulse können nur über die Kommunikation mit Menschen aufgenommen und verarbeitet werden.

Menschliche Intelligenz, Kreativität und Kommunikationsfähigkeit schaffen Qualität, indem sie Technik mit Leben erfüllen.

4.10 Marketing nach innen

➡ Warum ist für die Verbreitung der Qualitätsphilosophie ein „Marketing nach innen" nötig?

➡ Was muß getan werden, damit das Qualitätsdenken von allen Mitarbeitern verinnerlicht wird?

➡ Wer ist dafür ein geeigneter Vorkämpfer?

Ob es um „schlanke“ Produkte, Prozesse oder Strukturen geht – im Mittelpunkt steht immer der Mensch. Qualität wird durch Menschen und für Menschen geschaffen. Sie sind es, die einerseits als Angehörige eines Unternehmens in der Qualitätsverantwortung für dessen Leistungen stehen. Sie sind es aber auch, die andererseits Leistungen aus Kundensicht beurteilen.

„Ich glaube, daß der größte Aktivposten eines Unternehmens sein menschlicher Aktivposten ist, und daß die Steigerung seines Wertes sowohl einen materiellen Vorteil wie auch eine moralische Verpflichtung bedeutet.“

Clarence Francis

Egal, ob in der Funktion als Produzent oder Empfänger von Qualität – immer spielen die menschliche Psyche, individuelle Bedürfnisse, Emotionen, Erwartungen und Überzeugungen eine entscheidende Rolle. In der Vermarktung unserer Produkte und Dienstleistungen haben wir diese Lektion (hoffentlich) gelernt. Welche Summen werden allein in die Marktforschung gesteckt. Ebenso wichtig wie Daten über Marktausschöpfungsquoten und Marktanteile sind dabei Erkenntnisse über die „soft facts“. Gefragt wird z. B. nach der Beurteilung der Beratungskompetenz, der Freundlichkeit und Höflichkeit der Bankmitarbeiter, nach der Bewertung von Standorten und Öffnungszeiten, auch nach der individuellen Einstellung zu Werbung, Öffentlichkeitsarbeit und Sponsoring. Ziel dieser Informationsbeschaffung ist es, die Unternehmenspolitik marktorientiert, d. h. nach den Bedürfnissen und Wünschen der Abnehmer ausrichten zu können. Produktinnovationen mögen noch so ausgeklügelt, das Spektrum der Vertriebswege mag um die allerneueste technische Spielart erweitert sein – der Kunde entscheidet, ob er die angebotene Bankleistung in Anspruch nehmen will und dafür den geforderten Preis zu zahlen bereit ist. Und er entscheidet eben nicht nur mit dem Verstand, sondern hauptsächlich nach seinen Gefühlen.

Die Vermarktung nach außen wird immer mehr perfektioniert. In allen Kreditinstituten beschäftigen sich Heerscharen von Stabsmitarbeitern mit der Ausarbeitung von Marketingkonzeptionen, mit Verkaufsförderungsmaßnahmen, der Gestaltung von Werbemitteln etc. Zusätzlich werden

Unternehmensberatungen, Werbeagenturen und Verlage eingeschaltet, um Spezial-Know-how zu nutzen.

Wieviel Zeit und Energie wird im Vergleich dazu für das Marketing nach innen aufgewendet? Zu wenig. Dies läßt sich am Mißerfolg von Strategien aller Art ablesen, die letztlich an der mangelnden Überzeugung der Mitarbeiter gescheitert sind und unter dem Stichwort „aufgesetzte Aktion" im Gedächtnis vieler abgehakt wurden.

Was zur Festigung und Akquisition von Kundenbeziehungen getan wird, muß mit gleicher Hingabe auch nach innen getan werden. Mitarbeiter müssen genauso für neue Strategien, Projekte und Programme, auch für weniger revolutionäre kleine Änderungen in Abläufen und Vorgehensweisen gewonnen werden. Wie wollen wir Kunden von der Qualität unserer Leistungen überzeugen, wenn diejenigen, die Qualität produzieren sollen, nicht informiert, nicht motiviert, nicht überzeugt sind?

Sicher – auch das Kreditgewerbe befindet sich nicht mehr im Steinzeitalter der Motivation. Vieles wurde schon getan, um Mitarbeiter zu befähigen und zu motivieren, in ihrer Arbeit den hohen Qualitätsansprüchen der Kunden gerecht zu werden. Dennoch muß die Qualitätsbotschaft – wie jede neue oder neu umschriebene Philosophie – auf allen nur denkbaren Wegen und mit großer Beharrlichkeit allen Mitarbeitern nahegebracht werden.

Ähnlich wie es bei einer Produkteinführung wenig nutzt, wenn nur ein paar Berater das Produkt kennen und sich dafür einsetzen oder nur einmalig eine Werbeanzeige geschaltet wird, muß auch die „Vermarktung" der Qualitätsidee nach innen flächendeckend und vor allem kontinuierlich erfolgen. Wie schnell sind aufwendig inszenierte Kampagnen vergessen, wenn niemand mehr deren Fahnen hochhält und die vermittelten Inhalte im betrieblichen Routinealltag wieder untergehen?

Was muß unternommen werden, damit die Qualitätsbewegung eine anhaltende Begeisterung erfährt und eben nicht den Charakter einer vergänglichen Kampagne bekommt?

Qualitätsphilosophie muß immer wieder nach innen kommuniziert werden.

Bei jeder passenden Gelegenheit, sei es in Mitarbeiter- oder Führungskräftebesprechungen, in Personalversammlungen, bei Vorträgen oder in Schulungen, muß permanent für Qualität geworben werden. Jeder dieser Kontakte bietet Überzeugungschancen, um ein institutsweites Qualitätsbewußtsein zu schaffen.

„Werbung wirkt erst dann, wenn sie einem selbst zu den Ohren herauskommt."

Werbeweisheit

Es bedarf jedoch einer Reihe von Protagonisten, die diese Möglichkeiten immer wieder suchen und wahrnehmen. Zu diesen Vorkämpfern muß auch der Vorstand gehören. Nicht nur, weil Qualität als Bestandteil der Geschäftsphilosophie naturgemäß von der Unternehmensleitung zu vertreten ist, sondern auch, weil die umfassende Einbindung des Vorstands eine ganz andere Signalwirkung hat als ein allein von einem Stabs- oder Fachbereich initiiertes Projekt.

Wenn in der obersten Führungsebene jemand ist, der von der Qualitätsidee voll überzeugt ist, jemand der in anderen die Sehnsucht nach Qualität wecken kann, dann kommt Bewegung in den Qualitätsprozeß.

Der Vorstand muß weitere „Missionare" finden, die für die Verbreitung des Qualitätsdenkens sorgen und gleichzeitig Ansprechpartner und Koordinatoren für die Qualitätsaktivitäten sind. Dafür prädestiniert sind kreative Mitarbeiter, die von der Qualitätsidee überzeugt sind. Die Aussage: „Es ist zwar alles in Ordnung, aber ich möchte es besser, schneller, schöner, billiger, effektiver" muß ihre Grundeinstellung widerspiegeln.

Sie haben dafür zu sorgen, daß die gesamte Belegschaft immer wieder über Aktivitäten und Ergebnisse informiert wird. Dadurch kann zum einen der Qualitätsgedanke wachgehalten werden, zum anderen sollen Beispiele aus der praktischen Umsetzung in anderen Abteilungen und Geschäftsstellen Schule machen. Über den in der Literatur häufig anzutreffenden Vorschlag, eine Stelle zu schaffen, die sich ausschließlich mit dem Qualitätsmanagement befaßt, muß jedes Kreditinstitut individuell entscheiden. Die Gefahr besteht, daß dies eine „Alibi"-Stelle ist, deren Inhaber schnell zum „Qualitätsheini" abgestempelt wird.

Für das Markting nach innen bieten sich viele Ansatzpunkte an:
• zündende Namen für die Qualitätsbewegung finden • spezielles Qualitäts-Logo entwerfen (lassen) • permanente Information und Sensibilisierung in – Personalversammlungen – institutionalisierten Führungsgremien – Konferenzen jeglicher Art – Mitarbeiterbesprechungen – individuellen Gesprächen – Schulungen – der Hauszeitschrift – Rundschreiben und anderen schriftlichen Informationen • Erfahrungsaustauschrunden organisieren • Qualitätswettbewerbe ausloben • Werbeposter für Qualität aufhängen • zu Veranstaltungen mit wechselnden Qualitätsthemen einladen

Abbildung 11: Marketing nach innen

Unter allen Umständen sollte aber vermieden werden, daß sich die Qualitätsaktivitäten und das „normale“ Tagesgeschäft zu separaten, voneinander losgelösten Aufgaben entwickeln und auch als solche betrachtet werden. Gerade das Aufzeigen und Erarbeiten der Qualitätsanforderungen für jeden einzelnen Arbeitsplatz hat Schlüsselbedeutung für den Erfolg des Qualitätsmanagements. Hier sind, wie noch zu zeigen sein wird, vor allem die Führungskräfte der Banken gefordert.

Kurz gefaßt

Qualität wird durch und für Menschen geschaffen.

Individuelle Bedürfnisse, Überzeugungen und Emotionen spielen sowohl bei den Produzenten als auch bei den Empfängern von Qualität eine entscheidende Rolle.

Die Qualitätsphilosophie muß über ein Marketing nach innen allen Mitarbeitern überzeugend vermittelt werden.

Dazu braucht man „Missionare“ in der Sparkasse oder Bank, die die Qualitätsbotschaft bei jeder sich bietenden Gelegenheit verkünden.

Besonders wichtig ist die kontinuierliche und vor allem umfassende Information aller Mitarbeiter über die grundsätzliche Philosophie, über Aktivitäten und Ergebnisse.

4.11 Führen ist mehr als Managen

- Warum wissen viele Mitarbeiter nichts mit dem Thema Qualität anzufangen?
- Was unterscheidet Managen von Führen?
- Welches Verständnis von Führung ist für den Qualitätsprozeß elementar wichtig?
- Welche konkreten Möglichkeiten haben Führungskräfte, um ihre Mitarbeiter in die Qualitätsidee einzubinden?
- Was verbindet Führen mit Dienen?
- Warum spielt die Qualität der Führung selbst eine so große Rolle?

Dauerhafte Erfolge sind nur dann zu erzielen, wenn das Qualitätsdenken und -handeln bis in den letzten Winkel einer Bank oder Sparkasse vorgedrungen ist. Das gesamte Haus muß von dieser Welle erfaßt und jeder Mitarbeiter letztlich Botschafter des neuen Qualitätsbewußtseins werden.

Doch wie sieht es in der Realität bei den Kreditinstituten aus, die bereits eine Qualitätsoffensive gestartet haben? Wieviel Prozent der Mitarbeiter haben jemals davon gehört oder sind in eine der Aktivitäten eingebunden worden? Die Ergebnisse einer entsprechenden Umfrage wären sicher ernüchternd, vielleicht sogar erschreckend, je weiter weg von den Führungsetagen nachgeforscht würde.

Einer der Hauptgründe dafür liegt in mangelnder Information und Kommunikation. Viele Mitarbeiter wissen schlicht nichts oder nur wenig über dieses Thema. Fernab von einschlägigen Besprechungen und Veranstaltungen haben sie nie oder nur sehr selten Gelegenheit, etwas über die Qualitätsphilosophie und deren Umsetzung „aus erster Hand", d. h. vom Vorstand und/oder anderen Initiatoren der Qualitätsbewegung zu erfahren.

Schriftliche Informationen an die gesamte Belegschaft sind wichtig, sollten in ihrer Wirkung aber nicht überschätzt werden. Nicht jedes Rundschreiben wird – falls es überall ankommt – von allen Mitarbeitern gelesen, nicht jeder Artikel in der Hauszeitschrift erreicht alle Adressaten. Und vor allem: Nicht alles, was geschrieben wird, kann mühelos interpretiert und umgesetzt werden.

Eine Schlüsselrolle für den Prozeß des Informierens, der Akzeptanzförderung und der konkreten Umsetzung kommt den Führungskräften zu. Sie sind es, die die aktuellsten und umfassendsten Informationen über Führungskonferenzen jeglicher Art, über routinemäßige Sitzungen, Tagungen und sonstige Veranstaltungen bekommen. An ihnen liegt es dann, diese Informationen in geeigneter Weise weiterzugeben, quasi die „Qualitätsmission" in der eigenen Abteilung, Gruppe oder Geschäftsstelle wahrzunehmen.

Daß dies nicht immer oder zumindest nicht in ausreichendem Maße geschieht, ist sicher in den allermeisten Fällen kein böser Wille. Wer selbst Führungsverantwortung hat, weiß, wie schwer es zuweilen ist, in der Hektik des betrieblichen Alltags und aus der zunehmenden Informationsflut die für die Mitarbeiter wichtigen Dinge herauszufiltern und weiterzuleiten.

Doch genau hier liegt der springende Punkt. Wenn Themen wie Qualität und Qualitätsmanagement, die von geschäftspolitischer Tragweite sind, im Führungsprozeß teilweise untergehen, muß das Verständnis von Führung grundsätzlich hinterfragt werden.

Welche originären Aufgaben sind mit Führung verbunden? Führen – darauf deutet schon die Transitivität des Verbs hin – heißt in erster Linie Menschenführung. Daher gehört die Auseinandersetzung mit den Mitarbeitern, ihren Fähigkeiten und auch ihren Bedürfnissen zu den wichtigsten Aufgaben jeder Führungskraft. Zuviel Zeit wird in der Praxis oftmals mit reiner Sachbearbeitung, im günstigeren Falle mit reinen Managementfunktionen wie Planen, Organisieren und Strukturieren von Arbeitsabläufen verbracht. Führung setzt insofern andere Schwerpunkte, als der Mensch und seine Befindlichkeiten immer im Vordergrund stehen, während er aus Managementsicht nur eine von mehreren zu steuernden Ressourcen darstellt.

Führung muß Mitarbeiter zur Leistung stimulieren, für ein Ziel begeistern, sie muß die Bedingungen dafür schaffen, daß Arbeitsprozesse mit Leben erfüllt werden. [1)]

„Die meisten Betriebe leiden unter einem Zuviel an Management und einem Zuwenig an Führung."

Gertrud Höhler

Für das Herausbilden einer Qualitätsmentalität im Unternehmen ist es elementar wichtig, daß Vorgesetzte fähig und bereit sind, nicht nur zu managen, sondern auch zu führen. Dabei sind insbesondere Kommunikationsfähigkeit und Sensibilität gefordert. Aufgabe der Führungskräfte ist es aber, nicht nur zu informieren, sondern auch und vor allem zu überzeugen. Ihnen muß es gelingen, ihren Mitarbeitern die existentielle Bedeutung von Qualitätsleistungen für die Bank oder Sparkasse und damit letztlich auch für die Sicherheit der Arbeitsplätze aufzuzeigen.

Nicht immer wird die Forderung nach Qualitätsverbesserungen auf offene Ohren stoßen. Wer glaubt nicht von sich, bereits gute Arbeit zu leisten?

Außerdem stehen tradierte Verhaltensweisen, Bequemlichkeit, teils auch Lethargie der Notwendigkeit von Veränderungen entgegen. Am schwersten ist es aber wohl, verkrustete Denkmuster aufzubrechen.

Die meisten Führungskräfte sind überzeugt, daß in ihrem Bereich alles in Ordnung ist: „Wenn deutsche Führungskräfte von einem Qualitätsproblem

1) Vgl. Höhler (1992), S. 138 ff.

hören, denken sie an den Leiter der Qualitätsabteilung, anstatt in den Spiegel zu sehen." [1] In einer Zeit radikaler Umwälzungen sind aber Flexibilität und Beweglichkeit unabdingbare Voraussetzungen, um durch die interne Anpassung von Abläufen und Strukturen jederzeit mit dem Wandel Schritt halten zu können – und dabei auch das Qualitätsniveau ständig anzupassen.

Die Qualitätsidee darf nicht als Bedrohung für liebgewordene Rituale, sondern sollte als Chance für Verbesserungen angesehen werden. Dazu ist es mitunter nötig, eingefahrene Gleise zu verlassen und auch den Blick über den Zaun der gegenwärtigen Aufgaben zu werfen. Führung sollte dazu ermuntern, sollte vernetztes Denken, Kreativität, auch Neugierde in bezug auf neue Verfahren und neue Erkenntnisse fördern.

Führen bedeutet Förderung von

- vernetztem Denken
- Flexibilität
- Kreativität
- Verantwortungsbewußtsein
- Teamgeist
- Kooperationswillen
- Konfliktfähigkeit
- Selbstmotivation
- Darstellungsvermögen

Für die praktische Umsetzung gilt:
Je konkreter die Beispiele für Verbesserungsmöglichkeiten sind, je konkreter das Thema Qualität für jeden einzelnen Arbeitsplatz angesprochen wird, desto größer sind die Aussichten, tatsächlich „Mitkämpfer" zu gewinnen. Daß es sich dabei nicht nur um revolutionäre Änderungen handeln kann, liegt auf der Hand. Tatsächlich sind es ja auch die vielen täglichen Kleinigkeiten, etwa der beim erstenmal richtig formulierte Brief oder die fehlerfreie Avisierung eines Wertpapierauftrages, die Qualität ausmachen.

1) Vgl. Gaugler (1993), S. 53

Welche konkreten Möglichkeiten gibt es, Mitarbeiter in die Qualitätsidee einzubinden?

- Jeden Mitarbeiter Qualität für den eigenen Arbeitsplatz definieren lassen.
- Beispiele für Nichtqualität aufzeigen.
- Beispiele für Qualitätsverbesserungen aus anderen Abteilungen/Geschäftsstellen als Anregung anführen.
- Qualitätszirkel selbst einrichten.
- Mitarbeiter zur Teilnahme an Qualitätszirkeln anderer Bereiche ermuntern.
- Hospitationen und Rotationen anregen.
- Hospitanten aus anderen Abteilungen/Geschäftsstellen aufnehmen.
- Konkrete Qualitätsziele festlegen.
- Regelmäßige Besprechungen zum Thema Qualität und zum Stand der Zielerreichung durchführen.
- Erfolge publik machen, z. B. in der Hauszeitschrift.

Alle diese Beispiele zeigen, daß sich das Verständnis von Führung heute nicht mehr in hierarchiebetontem „oben und unten“ – Denken erstrecken kann, sondern Vorgesetzte immer mehr als Mentoren, Impulsgeber, Coachs, Partner, Berater und Moderatoren gefragt sind.

Auf diese vielleicht ungewöhnlich anmutende Formel kann das Wesen der Führung gebracht werden. Es geht um den Dienst an den Mitarbeitern, die letztlich nichts anderes als Kunden der Führung sind.

Exkurs: „Führen heißt also eher Dienen als Herrschen. Es geht um die Veränderung der vorherrschenden Denk- und Verhaltensweisen, des Umgangs miteinander, mit Kunden, Lieferanten, Mitbewerbern, der Öffentlichkeit und der Umwelt. Leistung für andere zu erbringen, müssen wir als Wert an sich empfinden. Aus Dienen und Leisten wird Dienstleistung. Die Kunst des Dienens liegt im klugen Balancieren zwischen Altruismus und Egoismus: in der Gegenseitigkeit von Geben und Nehmen, im Dienen, um etwas davon zu haben, im Dienen, um zu verdienen. Der Weg dahin führt über totales Qualitätsmanagement.“ [1)]

---

1) Weigle (1992), S. 117 f.

Das Hinführen zu Qualität ist aber nur eine Seite der Medaille. Die andere ist die Qualität der Führung selbst. Um den außerordentlich hohen Anforderungen gerecht zu werden, mit denen Führungskräfte heute konfrontiert sind, muß permanent in die Qualität der Führung investiert werden.

Führungskräfte müssen zunächst fähig sein, aber auch befähigt werden. Die Fähigkeit spricht vor allem zwei der als „three skills" bekannten Schlüsselqualifikationen von Führungskräften an, nämlich – neben dem Fachwissen – die Methoden- und die Sozialkompetenz. Zu oft wurden, gerade auch bei Banken, Führungspositionen in der Vergangenheit nur nach vorhandenem Fachwissen besetzt.

Kaum verwunderlich ist es daher, wenn viele Führungskräfte mit ihrer Funktion als Impulsgeber und Berater überfordert sind. Daher muß schon bei der Besetzung von Führungspositionen ein Umdenken stattfinden. Fachwissen kann nur eines, nicht das allein dominierende Auswahlkriterium darstellen. Wenn es um die Befähigung geht, sind alle Trainings, Schulungen, Erfahrungsaustauschrunden etc. gemeint, die Führungswissen vermitteln, auffrischen, vertiefen. Sie sind eine – nicht allen willkommene – Hilfestellung, die aber aufgrund der auf diesem Gebiet ungeheuren Komplexität und Dynamik unbedingt notwendig ist. Die Qualität der Führung hat so große Bedeutung, weil Vorgesetzte immer noch am meisten durch ihr Vorbild bewirken und darin unter allen Umständen glaubwürdig sein müssen.

Kurz gefaßt

Viele Mitarbeiter wissen nichts oder nur wenig über das Thema Qualität.

Hauptgründe dafür sind mangelnde Information und Kommunikation.

Eine Schlüsselrolle in bezug auf Information und Akzeptanzförderung haben die Führungskräfte.

Führen setzt andere Schwerpunkte als Managen.

Führen heißt in erster Linie Menschenführung.

Führung muß Mitarbeiter zur Leistung stimulieren, sie für ein Ziel begeistern.

In vielen Unternehmen wird zuviel gemanagt und zuwenig geführt.

Je konkreter und anschaulicher Führungskräfte ihren Mitarbeitern das Qualitätsdenken nahebringen, desto eher werden sie sie als „Mitkämpfer" gewinnen.

Auch die Qualität der Führung selbst muß permanent entwickelt werden.

4.12 Qualitätszirkel sind gut, aber nicht alles

➡ Was unterscheidet Qualitätszirkel (QZ) von anderen Arbeitsgruppen?

➡ Wie „verbindlich" sind die in der Literatur genannten QZ-Charakteristiken für die betriebliche Umsetzung?

➡ Worin liegen die Vorteile von QZ's
a) für das Kreditinstitut
b) für die beteiligen Mitarbeiter?

➡ Wie wichtig ist die Einrichtung von QZ's im Rahmen des Qualitätsmanagements?

Qualitätszirkel (QZ), die wie viele andere Managementmethoden ihren Ursprung in Japan haben, gibt es in Deutschland seit ungefähr 20 Jahren. Damals noch unter dem Namen „Lernstatt-Gruppe" wurden sie bereits 1973 bei BMW eingeführt. Obwohl zunächst als sozialromantische Maßnahme belächelt, fanden sie im Laufe der Zeit – vornehmlich in Großbetrieben – eine recht große Verbreitung.

Ende der achtziger Jahre gaben zwei Drittel der deutschen Industrieunternehmen an, QZ's einzusetzen.[1] Dies allerdings vornehmlich im Produktionsbereich. In der Verwaltung bzw. in Dienstleistungsunternehmen, namentlich auch in Kreditinstituten, erleben QZ's erst in jüngerer Zeit, oft auch unter der Flagge des Total Quality Managements, einen Aufschwung.

Erste Berichte über die Bildung von QZ's in Kreditinstituten stammen aus den achtziger Jahren. Nicht alles, was in der Praxis als QZ bezeichnet wird, entspricht dabei der „reinen" Lehre. In der Literatur finden sich am häufigsten folgende Charakteristiken:

- auf Dauer angelegte Gesprächsgruppe,
- begrenzte Anzahl teilnehmender Mitarbeiter, 4–8 Personen,
- regelmäßige Treffen,
- außerhalb der regulären Arbeitszeit,
- freiwillige Teilnahme,
- selbstgewählte Probleme, keine „verordneten" Themen,
- geschulter Moderator leitet die Gesprächsrunden,
- Einsatz spezieller Problemlösungstechniken.

Unterschiedliche Auffassungen werden vertreten, wenn es darum geht, ob
- die Teilnehmer eines QZ einer Organisationseinheit und einer Hierarchieebene angehören sollen,
- die Moderation durch Vorgesetzte oder durch ein Gruppenmitglied erfolgen soll,[2]
- eine Überstundenabgeltung oder Freizeitausgleich – bei Treffen außerhalb der Arbeitszeit – angebracht sind.

Um es gleich vorwegzunehmen: Eine allgemeingültige und allein seligmachende Lösung gibt es nicht. Vielmehr muß jedes Unternehmen einen

1) Vgl. Blickle, Nr. 194
2) Vgl. Geschwill (1988); vgl. Wildenmann + Partner (1993)

Ansatz finden, der seiner Historie, seinen organisatorischen und vor allem seinen personellen Gegebenheiten gerecht wird. Pragmatik heißt auch hier die Devise, nach der mit dem QZ-Instrument umgegangen werden sollte.

Pragmatik vor allem deshalb, weil starre Regeln sehr schnell Assoziationen mit bürokratischen Methoden wecken – und gerade dies verträgt sich nicht mit dem kreativitätsfördernden Klima, das durch die Einrichtung von QZ's geschaffen werden soll.

Die Frage, ob QZ-Teilnehmer aus einem Organisationsbereich und einer Hierarchieebene stammen sollen, kann nur mit Blick auf das konkret zu lösende Problem beantwortet werden. Prinzipiell sind all jene Mitarbeiter zu berücksichtigen, die aufgrund ihres Fachwissens und/oder ihrer Sozialkompetenz einen konstruktiven Beitrag hierzu leisten können.

Angesichts der Komplexität der betrieblichen Abläufe und der fast immer tangierten dv-technischen Prozesse ist heute die funktionsübergreifende Besetzung von QZ's eher die Regel als die Ausnahme. Auch das Vermeiden von Hierarchieunterschieden bei der QZ-Besetzung sollte nicht zum Dogma erhoben werden. Gerade für die Moderatorenfunktion bieten sich – insbesondere in der Anfangsphase – Führungskräfte an, die in der Gesprächsleitung erfahren sind. Selbstverständlich muß gewährleistet sein, daß die Diskussionsbeiträge aller Teilnehmer gleichberechtigt sind und die Ergebnisse des Zirkels eine Konsenslösung darstellen. Fatal wäre es, wenn – nach stundenlanger, intensiver Diskussion – eine Lösung nach dem Willen der/des beteiligten Vorgesetzten direktiv bestimmt würde.

Beim berechtigten Abwägen verschiedener Möglichkeiten auf der Suche nach dem besten Weg sollten die Gründe, die für die Einrichtung von QZ's sprechen, nicht aus den Augen verloren werden:

In erster Linie geht es um gemeinsam erarbeitete Qualitätsverbesserungsmaßnahmen, die letztlich auf höhere Kundenzufriedenheit und höhere Wettbewerbsfähigkeit abzielen. Dabei soll das oftmals ungeahnte Ideenpotential bzw. das Expertenwissen vieler Mitarbeiter genutzt werden.

Positive Effekte für das Unternehmen zeigen sich – neben der eigentlichen Problemlösung – vor allem in einem verbesserten Informationsaustausch zwischen den einzelnen Betriebsstellen, motivierteren Mitarbeitern und einer insgesamt reibungsloseren Zusammenarbeit.

„Es gibt kaum größere Möglichkeiten,
Energien freizusetzen, als wenn Mitarbeiter die Chance
haben, sich vor anderen auszuzeichnen."

Die Vorteile für den Mitarbeiter liegen sicher in der Erhöhung der fachlichen Qualifikation und – mindestens genauso wichtig – im Profitieren für die Persönlichkeitsentwicklung . Das Einbringen und Vertreten der eigenen Ideen, die Auseinandersetzung mit anderen Beiträgen und das Präsentieren von Lösungen fördern Fähigkeiten, die für viele Positionen heute unabdingbare Voraussetzung sind.

Mögliche Themen von Qualitätszirkeln in Kreditinstituten sind:

- Verbesserung der Zusammenarbeit zwischen zwei Abteilungen,
- Erhöhung der Kundenzufriedenheit bei Zweigstellen,
- Planung und Durchführung von Marketingaktionen,
- Verbesserung der Wertpapierinformationen für Zweigstellen,
- Optimierung der Einsatzplanung bei den Auszubildenden,
- Steigerung der Akzeptanz und Effizienz von Prüfungsberichten,
- Ausgestaltung des Beschwerdemanagements,
- Erarbeitung eines Beurteilungssystems für Mitarbeiterinnen und Mitarbeiter.

Trotz aller Vorzüge dürfen QZ's nicht als Patentrezept oder gar Wundermittel in Sachen Qualität angesehen werden. Sie stellen eine mögliche Form der Auseinandersetzung mit dem Qualitätsproblem dar, sind aber kein unbedingtes Muß. Umgekehrt garantiert allein die Tatsache, QZ's unternehmensweit installiert zu haben, noch nicht die Umsetzung der Qualitätsphilosophie.

Oft sind auch die Erwartungen, die an die QZ's geknüpft werden, viel zu hoch. Spektakuläre Einsparungen und Verbesserungen, die es im Produktionsbereich teilweise gab, sind im Bankenbereich noch nicht bekanntgeworden.

Dies mag zum einen an der bei Kreditinstituten definitiv schlechteren Meßbarkeit von Qualitätserfolgen liegen, zum anderen aber auch an den Verbesserungspotentialen selbst, da die alltäglichen Handlungsspielräume in der industriellen Produktion i. d. R. niedriger sind als im Verwaltungsbereich. Dementsprechend wird im gewerblichen Bereich die Mitarbeit in QZ's oft auch als attraktiver empfunden.

Bei der Einführung von QZ's in Kreditinstituten haben die Verantwortlichen nicht selten damit zu kämpfen, daß viele Mitarbeiter – genervt von endlosen Konferenzen verschiedenster Art – eine Abwehrhaltung einnehmen. Unter allen Umständen muß der Eindruck vermieden werden, die Freiwilligkeit der Teilnahme bzw. die Ansiedlung außerhalb der Arbeitszeit deuteten mehr oder minder auf eine Art „Kaffeekränzchen" hin.

Vielmehr sollen die selbstgewählten Problemstellungen und die straffe, auf Effizienz angelegte Gesprächssteuerung durch den Moderator die Mitarbeiter zur Teilnahme motivieren. Ein Engagement aus eigenem Antrieb ist auch hier die beste Voraussetzung für den Erfolg.

In Unternehmen, die bereits längere Zeit damit arbeiten, ist ein Verdienst der QZ's unbestritten: Sie tragen in nicht unerheblichem Maße dazu bei, eine eher innovationsfeindliche in eine innovationsfreundliche und kreativitätsfördernde Kultur zu wandeln.

Kurz gefaßt

Qualitätszirkel (QZ) werden im Produktionsbereich seit über 20 Jahren eingesetzt. In Dienstleistungsunternehmen, namentlich im Kreditgewerbe, wird die QZ-Methode erst seit Mitte der achtziger Jahre angewendet.

Bei der Ausgestaltung von QZ's gibt es keine allgemeingültige Lösung. Jedes Kreditinstitut sollte einen pragmatischen Ansatz wählen, der auf die individuellen Verhältnisse abgestimmt ist.

Mit QZ's werden im wesentlichen folgende Ziele angestrebt:
- in erster Linie: Erarbeitung von Qualitätsverbesserungsmaßnahmen zur Erhöhung der Kundenzufriedenheit und damit der Wettbewerbsfähigkeit
- Verbesserung des Informationsaustausches zwischen den einzelnen Betriebsstellen
- Erhöhung der Mitarbeitermotivation
- Verbesserung der innerbetrieblichen Zusammenarbeit
- für den Mitarbeiter selbst: Förderung der fachlichen und persönlichen Weiterentwicklung.

QZ's sind kein Patentrezept für den Qualitätserfolg. Qualitätsmanagement ist auch ohne QZ's möglich.

4.13 Wollen Sie Ihr eigener Kollege sein?

➡ Was haben interne Zusammenarbeit und Qualität nach außen miteinander zu tun?

➡ Inwiefern bestehen innerhalb eines Kreditinstituts Kunden-Lieferanten-Beziehungen?

➡ Was ist mit interner Serviceorientierung gemeint?

➡ Wie können Schwachstellen in der Zusammenarbeit eruiert und abgebaut werden?

➡ Warum hat das Thema Zusammenarbeit für jeden einzelnen Mitarbeiter eine höchstpersönliche Bedeutung?

Ist Ihnen „mobbing" ein Begriff? Immer öfter sorgt diese unrühmliche Art des Umgangs miteinander für Negativschlagzeilen. Dahinter steht ein systematisch angelegter Psychoterror unter Kollegen, der offenbar in einigen Unternehmen um sich greift. Er reicht von Nichtinformation, bewußten Falschinformationen über die verschiedensten Schikanen bis hin zur vollkommenen Isolierung und Denunziation von Mitarbeitern. Massive psychische und physische Dauerschäden bei den Betroffenen sind die Folge.

Gewiß sind solche Zustände auch im Kreditgewerbe nicht der Normalfall. Dennoch, dieses Horrorgemälde – zugegebenermaßen ein Extrembeispiel – vermittelt einen Eindruck davon, wie destruktiv sich ein schlechtes Arbeitsklima auf Mitarbeiter auswirken kann. Der Rückschluß auf die Leistungen, die in einem solchen Klima noch gedeihen können, liegt nahe. Einen Nährboden für Qualität bietet es sicher nicht.

Wo es an guten zwischenmenschlichen Beziehungen, an einer harmonischen Zusammenarbeit mangelt, heißt es auch Fehlanzeige für Qualität.

„Wenn es innen nicht glänzt, kann es außen nicht funkeln."

Wer kann schon ständig über seinen Schatten springen und z. B. Kunden gegenüber freundlich und zuvorkommend sein, wenn hinter den Kulissen ein eher rauher Ton herrscht? Wie soll ein neues Produkt erfolgreich auf den Weg gebracht werden, wenn zwischen den „Geburtshelfern" aus Produktentwicklung, Marketing und Schulungsabteilung weitgehend Funkstille herrscht. Wenn mangels Abstimmung manche Arbeiten doppelt, andere dafür gar nicht erledigt wurden?

Qualität kann nur nach außen wirken, wenn sie intern eine entsprechende Basis hat. Wesentliche Voraussetzung für hohe Produktivität, geringe Fehlerraten und andere Qualitätsmerkmale ist die gute innerbetriebliche Zusammenarbeit. Serviceorientierung hat nicht nur im Hinblick auf Kunden hohe Bedeutung, sondern auch gegenüber Kollegen.

Auch intern bestehen Kunden-Lieferanten-Beziehungen, deren Güte – analog zu den Geschäftsverbindungen mit externen Kunden – von Kriterien wie Zuverlässigkeit, Flexibilität und Hilfsbereitschaft abhängt.

Wer hat nicht schon die Erfahrung gemacht, daß man bei einigen Kollegen immer ein offenes Ohr für seine Anliegen findet, andere dagegen sich grundsätzlich für nicht zuständig erklären? Abgeblockt wird oft auch dann, wenn die gewünschte Auskunft oder das benötigte Datenmaterial nur einen Schreibtisch weiter zu erhalten wäre. Selbst das Vermitteln des richtigen Ansprechpartners ist häufig keine Selbstverständlichkeit.

Zu den weniger harmlosen Sünden in der Zusammenarbeit zählen das bewußte Vorenthalten von Informationen, die gezielte Falschinformation oder die zugesagte, aber nicht eingehaltene Erledigung von Aufgaben. Schlimmer noch ist es, wenn Versäumnisse oder Fehler anderer Stellen angeprangert werden, um sich selbst, die eigene Abteilung oder Geschäftsstelle dagegen in ein besonders günstiges Licht zu heben.

„Wenn wir keine Fehler hätten, würden wir nicht mit so großem Vergnügen Fehler an anderen entdecken."

La Rochefoucauld

Aufgabe des Qualitätsmanagements ist es, allen Mitarbeitern den Zusammenhang zwischen der Qualität der internen Beziehungen und der Qualität der Unternehmensleistungen nach außen aufzuzeigen. Nur so kann eine Sensibilisierung für den hohen Stellenwert guter Zusammenarbeit erreicht werden. Dabei sollte eines sehr deutlich werden: Qualitätsverbesserungen, auch in bezug auf das Verhalten gegenüber Kollegen, sind zunächst immer Sache jedes einzelnen.

Was mute ich anderen zu? Wollte ich mein eigener Kollege sein? Diese Fragen muß sich jeder zuerst selbst stellen. Es ist einfach, nur bei anderen Verbesserungen anzumahnen oder den eigenen Beitrag als unmaßgeblich einzustufen. Gerade im Bemühen jedes einzelnen liegt aber der Schlüssel für ein dauerhaft gutes Arbeitsklima.

Von Zeit zu Zeit das eigene Verhalten zu überprüfen, ist insbesondere auch Führungskräften anzuraten. Ihr Verhalten im Umgang mit anderen Betriebsstellen und mit den eigenen Mitarbeitern setzt naturgemäß Maßstäbe – beispielhaftes Verhalten wird auch hier Nachahmer finden.

Die Vorbildfunktion von Vorgesetzten ist außerdem dort gefordert, wo es um gesamtunternehmensbezogenes Denken geht. Wie sollen Mitarbeiter Ressortegoismen überwinden, wenn die Chefin oder der Chef ausschließlich den eigenen Zuständigkeitsbereich sieht und eben nicht die Mitverantwortung für den Erfolg des Gesamtunternehmens?

Legitimes Profilierungsstreben muß dort auf Grenzen stoßen, wo die Arbeit anderer dadurch behindert oder gar torpediert wird. Ebenso mag es für manche Stellen lästig sein, z. B. Statistiken zu führen, die später zu Marketing-, Controlling- oder Revisionszwecken ausgewertet werden sollen. Dennoch steht und fällt mit der Gewissenhaftigkeit der Datenerhebung auch der Erkenntniswert, den die anfordernde Stelle aus der Analyse ziehen will.

Qualität auf einer nachgelagerten Stufe im betrieblichen Arbeitsprozeß setzt Qualitätsleistungen bei allen Zulieferern voraus. Daher muß das im Hinblick auf den Kundenkontakt geforderte Servicedenken auch innerhalb der Bank oder Sparkasse Fuß fassen.

Kollegen sind in diesem Sinn interne Kunden.

Zu diesem Verständnis von Zusammenarbeit gehört es, sich in die Lage der Kollegen zu versetzen, mitzudenken und die Verantwortung für die eigene Arbeit auch über Abteilungs- oder Filialgrenzen hinaus zu sehen. „Wir ziehen alle an einem Strang“ kann nur dann ein gutes Leitbild sein, wenn alle in dieselbe Richtung ziehen.

Damit Probleme in der Zusammenarbeit nicht zur „Qualitätsbremse“ werden, müssen sie offen angesprochen und sukzessive abgebaut werden.

	sehr gut	gut	zufrieden	teilweise zufrieden	nicht zufrieden	Anmerkungen
Erreichbarkeit						
Freundlichkeit						
Informationsverhalten						
Zuverlässigkeit						
Fachliche Qualität						
Gesamtunternehmens-bezogenes Denken						
Hilfsbereitschaft						

Kriterien:

Erreichbarkeit
- Ist die Betriebsstelle während der normalen Arbeitszeit und Pausenzeiten jederzeit erreichbar (persönlich/telefonisch)? Wird das Telefon nach einer angemessenen Zeit abgenommen?
- Werden Rückrufvereinbarungen/Nachrichten an den/die zuständigen Mitarbeiter weitergeleitet?

Freundlichkeit
- Werden die allgemeinen Umgangsformen eingehalten?
- Was herrscht für ein Umgangston?

Informationsverhalten
- Erhalten Sie die von Ihnen benötigten Informationen rechtzeitig und ausreichend?
- Werden Themen, die Sie betreffen, mit Ihnen abgestimmt?

Zuverlässigkeit
- Werden
  - Rückrufe erledigt?
  - Zusagen eingehalten?
  - Aufträge unverzüglich ausgeführt?
  - Probleme geklärt?
- Ist die Dauer, bis Ergebnisse erzielt werden, angemessen?

Fachliche Qualität
- Ist das Fachwissen der Mitarbeiter/innen für eine ordnungsgemäße Bearbeitung ausreichend?
- Sind die Mitarbeiter/innen kompetent?
- Besteht häufig Korrekturbedarf?

Gesamtunternehmensbezogenes Denken
- Werden die Auswirkungen von Entscheidungen/Handlungen auf das Gesamthaus bedacht oder überwiegt der „Abteilungsegoismus"?

Hilfsbereitschaft
- Werden wirklich dringende Anliegen auch sofort erledigt?
- Werden Anliegen intern weitergeleitet, wenn eine andere Person zuständig ist?
- Besteht Entgegenkommen auch bei nicht genau definierten Zuständigkeiten?

Sofern eine Bewertung ergänzungsbedürftig ist, kann dies im Feld „Anmerkungen" eingetragen werden.

Abbildung 12: Fragebogen zur Beurteilung der Zusammenarbeit

Machen Sie in Ihrem Verantwortungsbereich die Probe aufs Exempel:

- Ist Ihre Abteilung/Filiale während der regulären Arbeitszeit jederzeit erreichbar?
- Welcher Ton herrscht im Umgang mit Kollegen?
- Werden Zuständigkeiten auch tatsächlich wahrgenommen?
- Werden Informationen rechtzeitig, umfassend und in verständlicher Form weitergegeben?
- Gibt es in ausreichendem Maße Abstimmungen mit anderen Stellen des Hauses?
- Werden Absprachen regelmäßig eingehalten?
- Wie hoch sind die Fehlerquoten?

Sinnvoll wäre dabei der Vergleich zwischen dem Selbstbild und der – möglicherweise völlig anders ausgefallenen – Fremdeinschätzung. Dazu könnte zur Bestandsaufnahme in Sachen Zusammenarbeit, ein Fragebogen eingesetzt werden (siehe Abbildung 12).

Jede Betriebsstelle – ratsam ist es, eine Mindestanzahl von Mitarbeitern festzulegen – sollte weitere Stellen beurteilen, zu denen sie enge Kunden- und/oder Lieferantenbeziehungen unterhält. Anonymisierte Rückmeldungen durch eine möglichst neutrale Stelle decken dann evtl. Diskrepanzen zwischen Selbst- und Fremdbild auf. Vereinbarungen mit den Mitarbeitern zu konkreten Verbesserungsmaßnahmen, gegebenenfalls auch eine moderierte Aussprache in Problemfällen könnten dann zur Besserung belasteter Beziehungen beitragen.

Gewiß handelt es sich hierbei um ein nicht ungefährliches Instrument des Qualitätsmanagements. Dennoch ist bei verantwortungsvollem Umgang damit eine hohe Sensibilisierung für das Thema Zusammenarbeit zu erwarten.

Daß ein harmonisches Miteinander nicht allein mit Blick auf das (Qualitäts-) Leistungsklima zu sehen ist, sondern im ureigensten Interesse jedes einzelnen liegen muß, verdeutlichen die folgenden Relationen: Von der wach erlebten Zeit eines Arbeitstages, ca. 16 Stunden, verbringt ein Vollzeitbeschäftigter in der Regel mindestens die Hälfte am Arbeitsplatz. Wie frustrierend muß es sein, diesen großen Teil an Lebenszeit in einem schlechten, möglicherweise sogar belastenden Arbeitsklima zuzubringen?

„Eine Stunde Ärger kostet soviel Kraft wie acht Stunden Arbeit."

Franz O. Gruber

Deshalb: Vernünftige Zusammenarbeit, miteinander statt gegeneinander, gemeinsame Leistung, Hilfe und Unterstützung sind das A und O. Aber auch gemeinsames Feiern, gemeinsame Unternehmungen, das private Gespräch und die Anteilnahme an persönlichen Ereignissen im Kollegenkreis gehören zum Arbeitsleben dazu. Das Wohlfühlen am Arbeitsplatz und die Qualität der Zusammenarbeit verkörpern auch ein Stück Lebensqualität. Arbeit soll Freude machen, sie darf nicht als quälendes Gegenteil von Freizeit gelten.

Kurz gefaßt

Ein schlechtes Arbeitsklima ist ein denkbar ungünstiger Nährboden für Qualitätsleistungen.

Serviceorientierung ist nicht nur gegenüber Kunden, sondern auch gegenüber Kollegen gefordert.

Auch intern gibt es Kunden, die gut bedient sein wollen.

Ansatzpunkte zur Verbesserung der Zusammenarbeit muß jeder zunächst bei sich selbst suchen.

Vorgesetzte haben Vorbildfunktion im Umgang mit Kollegen und im Hinblick auf gesamtunternehmensbezogenes Denken.

Verhaltensänderungen setzen das Erkennen von Qualitätsbarrieren in der Zusammenarbeit voraus.

Die Qualität des Arbeitsklimas verkörpert ein Stück Lebensqualität.

Kapitel 5

Auf dem Weg zum Ziel

„Wer den Hafen nicht kennt,
in den er segeln will,
für den ist kein Wind ein günstiger.“

Seneca

5.1 Was nicht gemessen wird, ist nicht existent

- Kennen Sie eine Möglichkeit, die Beratungsqualität Ihrer Bank zu messen?
- Wie groß schätzen Sie den Erfolg ein, wenn Sie mit aufrüttelnden Worten Ihre Mitarbeiter zu mehr Qualität aufrufen?
- Warum ist es wichtig, die Qualität in Ihrer Bank zu messen?
- Welche unerwünschten Nebenwirkungen können sich durch Qualitätsmessungen ergeben?

Ein 100 m-Rekordler, der versucht, durch Training „schneller zu werden", wird mit anderer Motivation und anderem Einsatz trainieren als einer, der „innerhalb eines Jahres von 10,3 Sekunden auf 10,0" kommen will.

Ein Kreditinstitut, das „mehr Einlagen" will, hat eine andere Ausgangsbasis als ein Kreditinstitut, das innerhalb eines Jahres 8 % mehr Einlagen erreichen möchte. Je klarer ein Ziel formuliert ist, desto besser kann man es erreichen. Doch wie ist dies mit der Qualität? Wie ist es, wenn wir uns als Ziel setzen wollen, „die Qualität der Beratung zu erhöhen"?

„Quantität läßt sich zählen, Qualität nicht."

Lothar Schmidt

In dieser Aussage liegt eines der Grundprobleme des Quality Banking. Es ist äußerst schwierig, sinnvolle Meßgrößen für die Qualität von Bankleistungen in ihren unterschiedlichen Ausprägungen zu finden. Bankleistungen bieten weniger Ansatzpunkte um deren Qualität zu messen, zu zählen oder zu wiegen als etwa materielle Güter. Wichtig für ein effektives Qualitätsmanagement ist aber ein gewisses Maß an Erfolgskontrolle, d. h. Qualität und Qualitätsverbesserungen müssen in irgendeiner Form meßbar sein. Nur unter dieser Voraussetzung kann eine effektive Strategie entwickelt und konsequent umgesetzt werden. Man muß schließlich wissen, wo man steht und wo man hin will.

Was nicht gemessen und nachgehalten wird, wird oft nicht ernst genommen. Das gilt quer durch die gesamte Bankhierarchie. Die Ernsthaftigkeit, mit der Qualitätsziele verfolgt werden sollen, läßt sich am deutlichsten durch konsequentes Messen der Ergebnisse dokumentieren.

Deshalb müssen Meßvorgänge in den gesamten kybernetischen Regelkreis der Unternehmenssteuerung eingebaut werden. Sonst verkümmern Qualitätsziele sehr schnell zur reinen Rhetorik. Sie bleiben Appelle, die ungehört in der Bank verhallen.

Qualitätsmessungen können für Kreditinstitute aus mehreren Gründen wichtig sein. Im Vordergrund stehen dabei Steuerungs- und Sensibilisierungsaspekte.

Messungen der Qualität ermöglichen:

- Aufzeigen von Stärken und Schwächen
- Soll-Ist-Vergleiche
- Darstellung von Qualitätsfortschritten
- Rechtzeitiges Gegensteuern
- Steigerung des Qualitätsbewußtseins
- Konsequentes Verfolgen von Qualitätszielen
- Klare, überzeugende Darstellung von Qualität
- Zusätzliche Motivation durch Erfolgserlebnisse
- Schaffung einer Beurteilungsbasis für die Personalentwicklung
- Finden einer Basis für Leistungsentlohnung.

Das nachhaltige Messen von Qualitätskriterien richtet die Bemühungen der Bankmitarbeiter konsequent darauf aus, diese Zielgrößen auch zu erreichen. Die Gefahr besteht nun darin, daß nur das geleistet wird, was gemessen wird. Alle anderen Gesichtspunkte finden möglicherweise keine Beachtung mehr.

Je spezifischer die Meßkriterien sind, desto größer wird die Gefahr dieser sog. Suboptimierung. [1] Solche dysfunktionalen Wirkungen können unabsehbare Folgen haben, weil die positiven Ansätze ins Gegenteil verkehrt werden. Eine unpassende Formulierung wirkt auf Büttenpapier doppelt so negativ wie auf einfachem Notizpapier.

Gegenläufige Qualitätswirkungen bieten auch Argumente, überhaupt keine Qualitätsmessungen durchzuführen. Widerstände gegen Meß- und Kontrollverfahren sind vorhanden. Damit ist unmittelbar die Befürchtung

1) Vgl. Davidow (1991), S. 213

verknüpft, zu transparent zu werden und Angriffsflächen für Kollegen und Vorgesetzte zu bieten.

Doch hier wie auch an anderer Stelle gilt, daß Fehler möglich sein müssen. Qualitätsmessungen dürfen nicht Basis für Maßregelungen und Vorwürfe werden. Sie sollen vielmehr als Hilfe zur Selbsthilfe dienen und Ausgangspunkt für Verbesserungen sein.

Insoweit sind Qualitätskontrollen und Qualitätsmessungen ein unbedingtes Muß. Ohne sie sind Verbesserungen nicht möglich oder bleiben ein Produkt des Zufalls. Doch innere Widerstände der Mitarbeiter können sich gegen Qualitätsmessungen richten und damit die ganzen Bemühungen erschweren.

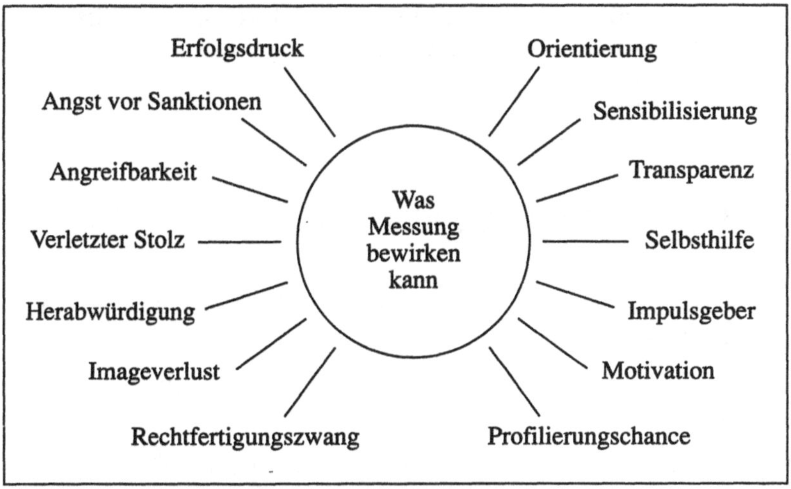

Abbildung 13: Blickwinkel der Qualitätsmessung

Kurz gefaßt

Je klarer ein Ziel formuliert ist, desto besser kann man es erreichen.

Die Qualität von Bankleistungen zu messen, ist äußerst schwierig.

Reine Qualitätsappelle verhallen ungehört in der Bank, wenn Qualität und Qualitätsverbesserungen nicht gemessen werden.

Qualitätsmessungen sind daher notwendige Bedingung, wenn entsprechende Fortschritte erreicht werden sollen.

Je direkter die Mitarbeiter von Qualitätsmessungen berührt sind, desto eher ist die Gefahr gegeben, daß sie innere Widerstände aufbauen.

Insoweit muß versucht werden, die von der Messung der Qualität ausgelösten dysfunktionalen Wirkungen zu minimieren.

5.2 Wer kein Ziel hat, verläuft sich

➡ Welchen Stellenwert hat aus der Sicht der Mitarbeiter Qualität, wenn nur Quantität gemessen wird?

➡ Warum ist es so wichtig, Qualitätsziele durch die Betroffenen selbst erarbeiten zu lassen?

➡ Was muß bei der Installation von Meßsystemen unbedingt beachtet werden?

➡ Welche Spielregeln sollten beim Vereinbaren und Nachhalten von Qualitätszielen eingehalten werden?

In den meisten Kreditinstituten beginnt im August/September der jährliche Planungsprozeß. Der Auseinandersetzung mit volkswirtschaftlichen Rahmendaten folgen Diskussions- und Abstimmungsrunden zur Festlegung angestrebter Wachstums- und Ertragsziele für das Gesamthaus. Diese werden dann in vielen Banken und Sparkassen – bezogen auf das reine Kundengeschäft – über unterschiedlichste Verfahren auf die einzelnen

Marktbereiche und Filialen heruntergebrochen. Das Ausloten der tatsächlichen Ziele bleibt häufig den Zielvereinbarungsgesprächen mit den betroffenen Marktverantwortlichen vorbehalten.

Alles in allem ein sehr aufwendiger, aber unbedingt notwendiger Prozeß. So werden denn auch Deckungsbeitragszuwächse, Einlagensteigerungen, Depotumschlagshäufigkeiten, Kreditkartenabsatz und, und, und bis ins Detail geplant. Doch wo bleibt das Thema Qualität?

Wo Qualität einen hohen Stellenwert haben soll, können nicht nur einseitig Quantitätsziele festgelegt werden. Auch Fortschritte in der Qualitätsentwicklung sind systematisch zu planen und durch entsprechende Ziele zu untermauern. Wen kümmert das „wie“, wenn nur das „wieviel“ gemessen wird?

Der Zusammenhang zwischen Qualität, Wachstum und Ertrag wird oft erst mittel- oder langfristig deutlich. Dann nämlich, wenn enttäuschte Qualitätserwartungen den Kundenstamm – zunächst unbemerkt, aber stetig – dezimiert haben. Kunden, die nur zur Erfüllung von Absatzzielen in ein bestimmtes Produkt beraten werden, das gar nicht ihrem tatsächlichen Bedarf entspricht, ziehen irgendwann die Konsequenzen.

Deshalb: Setzen Sie Signale, indem Sie Qualitätszielen den gleichen Rang einräumen wie quantitativ formulierten Zielen. Und vor allem: Binden Sie ohne Ausnahme alle Bereiche Ihres Hauses ein.

Jede Abteilung, jede Gruppe, jedes Geschäftsstellenteam, jeder Mitarbeiter hat im eigenen Aufgabenbereich vielfältige Ansatzpunkte für Qualitätsverbesserungen. Vertrauen Sie auf die Kreativität und Kompetenz der einzelnen Stellen. Diese wissen in der Regel selbst am besten, wo die größten Potentiale in Sachen Qualität liegen.

Lassen Sie dabei auch bewußt eine weitere Auslegung des Qualitätsbegriffs, sei es im Sinne von Produktivitäts-, Effizienz- und Rentabilitätssteigerungen oder von Serviceverbesserungen, zu. Umfangreiche Reglementierungen entmutigen und demotivieren. Sie könnten außerdem all jene bestärken, die es ja schon immer gewußt haben, daß Qualitätsziele, zumal meßbare, in ihrem Arbeitsbereich nicht zu finden sind.

Am Kriterium der Meßbarkeit sollte aber unter allen Umständen festgehalten werden. Auch hier ist die Findigkeit der Betroffenen selbst gefordert, um sinnvolle Meßgrößen für vereinbarte Ziele zu eruieren.

Häufig müssen dazu Meßsysteme erst installiert werden, weil sie in der benötigten Form nicht existieren. Dabei besteht die Gefahr, daß eine zusätzliche Bürokratie herangezüchtet wird, die Frustration und Unlust auslöst. Um diese Gratwanderung zu bestehen, sollte niemals – und zwar für die Mitarbeiter deutlich erkennbar – das Verhältnis von Aufwand und Nutzen aus den Augen verloren werden.

Akzeptieren Sie, daß es in vielen Fällen keine 100%-Lösungen gibt oder deren Realisierung unverhältnismäßig aufwendig wäre.

So könnte ein Ziel für Kreditabteilungen z. B. lauten: „Anzahl der von der Kreditkontrolle festgestellten Mängel um 10 % reduzieren". Dahinter mag der Wunsch stehen, durch Verminderung der Risiken mehr Qualität im Kreditgeschäft zu erzielen.

Möglicherweise ist dabei in Kauf zu nehmen, daß die Mängel selbst unterschiedliche Tragweite haben. Zum Teil können sie rein formeller Natur sein, etwa wenn im Rahmen einer Wohnungsbaufinanzierung der Bauabnahmeschein fehlt, zum Teil aber auch materieller Art, z. B. bei Beanstandungen der Sicherheitsbewertung. Dennoch müßte hier diese Art der Messung genügen, weil eine Aufarbeitung und Selektion der Mängelbestände nach „Schweregrad" einen unvertretbar hohen Aufwand verursachen würde.

Damit sind wir beim Kernpunkt. Es müssen „Spielregeln" für die Vereinbarung und das Nachhalten von Qualitätszielen beachtet werden, die nicht zuletzt die Akzeptanz dieses Prozesses durch die Mitarbeiter fördern sollen:

- Alle Betriebsstellen der Bank oder Sparkasse in den Zielvereinbarungsprozeß einbinden.
- Führungskräfte vorab über geplante Qualitätsthemen informieren und Hilfen für die individuelle Umsetzung anbieten.
- Möglichst alle Mitarbeiter über Mitarbeiterbesprechungen an der Zielfindung beteiligen. „Alleingänge" der Vorgesetzten nicht tolerieren, da

nur die eigene Beteiligung hohe Identifikation bei den Mitarbeitern bewirkt.

- Auch 90 % – Maßstäbe akzeptieren.
- Regelmäßige Berichterstattung über den Stand der Zielerreichung in den Betriebsstellen selbst und an vorgesetzten Stellen.
- Gemeinsame Besprechung negativer und positiver Abweichungen im Kollegenkreis. Gegebenenfalls Erarbeitung von Maßnahmenkatalogen.
- Anreizsysteme schaffen:
  Erfolge dokumentieren, z. B. in der Hauszeitschrift und
  Qualitätspreise ausloben.

Gerade Erfolge sind es, die zu weiteren Aktivitäten motivieren. Aus vielen einzelnen Vorbildern kann und soll eine Eigendynamik für den gesamten Qualitätsprozeß resultieren. Scheuen Sie sich deshalb nicht, Verbesserungen – mögen sie auf den ersten Blick noch so klein erscheinen – publik zu machen. Durchgängige Qualität bezieht sich auch auf die vielen Kleinigkeiten.

Sinnvoll ist es außerdem, durch jährlich wechselnde Schwerpunktthemen immer wieder neue Impulse zu setzen. Dadurch wird zusätzliches Ideenpotential mobilisiert, Motivation wieder neu entfacht. Auf diese Art gelingt es aber auch, nach und nach sämtliche Funktionen, Abläufe etc. einer Qualitätsprüfung zu unterziehen.

Dahinter steht die strategische Ausrichtung auf Qualität. Wenn sie nicht vorhanden ist, fehlt die alles entscheidende Orientierung.

„Nachdem wir das Ziel endgültig aus
den Augen verloren hatten, verdoppelten wir
unsere Anstrengungen."

Mark Twain

Kurz gefaßt

In den meisten Kreditinstituten gibt es ausgefeilte Systeme zur Festlegung quantitativer Ziele. Qualitative Ziele findet man dagegen selten.

Wo nur Quantität gemessen wird, kann Qualität nicht zur Geltung kommen.

Qualitätsziele müssen ausnahmslos für alle Bereiche der Sparkasse oder Bank vereinbart werden.

Qualität ist ein vielschichtiges Thema und läßt daher ein breites Spektrum an entsprechenden Zielen zu.

Unabdingbares Kriterium für Qualitätsziele ist die Meßbarkeit.

Bei der Installation von Meßsystemen dürfen Kosten-Nutzen-Erwägungen nicht außer acht gelassen werden.

Von wechselnden Schwerpunktthemen gehen immer wieder neue Impulse für den Qualitätsprozeß aus.

Beim Qualitäts-Controlling müssen bestimmte Spielregeln beachtet werden.

5.3 Qualität laßt sich nicht messen – oder doch?

➡ Sind Ihnen Verfahren der Qualitätsmessung bekannt?

➡ Welche wenden Sie an?

➡ Nach welchen Gesichtspunkten würden Sie zwischen diesen Verfahren auswählen?

➡ Worauf kann sich die Qualitätsmessung bei Banken beziehen?

➡ Welcher Aspekt muß bei der Messung der Bankqualität im Vordergrund stehen?

Qualität bei Banken zu messen, ist schwierig, aber nicht unmöglich. So hilflos, wie es zunächst den Anschein haben könnte, sind wir heute nicht mehr. Es gibt immer mehr und immer verfeinertere Verfahren der Qualitätsmessung. Diese sind allerdings noch weit davon entfernt, Qualität exakt abbilden zu können.

Zunehmend erfolgt eine Qualitätskontrolle und -messung von externen Institutionen, z. B. Verbraucherschutzorganisationen sowie den Medien. [1] Das führt zu einer weiter wachsenden Sensibilisierung der Bankkunden und der Öffentlichkeit, woraus letztlich höhere Qualitätsanforderungen an Banken entstehen. Oftmals vermitteln gerade diese in der Öffentlichkeit präsentierten Tests zur Zufriedenheit der Bankkunden oder der Qualität der Banken ein sehr diffuses Bild, das einer wissenschaftlichen Überprüfung nicht ohne weiteres standhält. [2] Und dennoch haben sie Wirkung.

Wie messen wir nun Qualität bei Banken?

Die Banken selbst können heute auf eine Vielzahl von Meßinstrumenten zur Dokumentation, Sicherung und Verbesserung der Qualität zurückgreifen. Welche Methoden eingesetzt werden, hängt von verschiedenen Auswahlkriterien ab.

Einige Kriterien zur Verfahrensauswahl:

- Akzeptanz (von Kunden/Mitarbeitern)
- Aussagekraft
- Kosten
- Zuverlässigkeit der Ergebnisse
- Einfachheit
- Zeiterfordernis
- Standardisierbarkeit
- Durchsetzbarkeit

Qualität laßt sich nicht als Ganzheit erfassen und messen. Wir sind vielmehr gezwungen, Teilqualitäten der Bankleistung zu identifizieren, zu messen und daraus ein Gesamtqualitätsurteil zu bilden.

---

1) Vgl. z. B. Finanztest (1994), S. 35 ff; Capital (1994), S. 36 ff.
2) Vgl. Bühler (1993), S. 512 f.

Spätestens hier müssen wir uns daran zurückerinnern, was Qualität ist. Wir hatten ganz klar die kundenbezogene Qualitätsauffassung in den Vordergrund gestellt. Messungen der Qualität müssen daher primär auf die Kundenzufriedenheit abzielen.

Das bedeutet aber auch, daß alle bankinternen Sachverhalte einzubeziehen sind, die direkten oder indirekten Einfluß auf die Kundenzufriedenheit haben können oder selbst von der Zufriedenheit der Kunden beeinflußt werden.

Die Qualitätsmessung bei Banken bezieht sich im wesentlichen auf fünf verschiedene Teilaspekte:

- Ressourcen
- Leistungserstellung
- Produkteigenschaften
- Mitarbeiterzufriedenheit
- Kundenzufriedenheit

Relativ einfach ist Qualität und deren Verbesserung bei den Ressourcen festzustellen. Die Qualität der Mitarbeiter läßt sich z. B. erfassen über verschiedene Aus- und Weiterbildungsmerkmale, über Beurteilungen und individuelle Erfahrungen. Bei der EDV-Ausrüstung können Speicherkapazitäten, die Verarbeitungsgeschwindigkeit oder die Art und Anzahl peripherer Anschlußgeräte herangezogen werden.

Innerhalb des Leistungserstellungsprozesses lassen sich Teilprozesse herausgreifen und Standards festlegen, an denen dann Qualität gemessen wird.

Einige Beispiele:

- Das Telefon nicht öfter als dreimal klingeln lassen.
- Die Eingangstüre wird fünf Minuten vor offizieller Öffnungszeit aufgeschlossen.
- Schriftliche Anfragen werden innerhalb von zwei Tagen beantwortet.
- Reklamationen, die verschiedene Stellen betreffen, werden koordiniert erledigt.
- Ausgefüllte Formulare sollen fehlerfrei sein.

Produkteigenschaften können in Beziehung gesetzt werden zur Ausstattung früherer Produkte und zu alternativen Konkurrenzangeboten. Deut-

	Kurzbeschreibung	Ziele	Beispiele
Zeitmessungen	Der Zeitaufwand für die Durchführung bestimmter Prozesse wird ermittelt.	Reduzierung des Zeitaufwandes, Vereinfachung des Ablaufs.	1. Bearbeitungsdauer für einen Kreditantrag 2. Wartezeiten am Schalter 3. Wie lange dauert es, bis das Telefon abgenommen wird
Ermittlung von Fehlerquoten	Feststellen, wo welche Fehler in welcher Häufigkeit vorkommen	Ursachen für Fehler feststellen, Fehlerzahl verringern.	1. Kontoeröffnungsanträge auf Fehler überprüfen 2. Falsche Daueraufträge ermitteln 3. Beratung ohne Störung
Testkonten	Eigens eingerichtete Konten, um Abwicklungsvorgänge zu überprüfen.	Feststellen von Schwachstellen und deren Beseitigung.	Girokonto, Depotkonto
Schaltertests	Spezielle Testkäufer lassen sich beraten und geben anonyme Qualitätsurteile ab (Checklisten). Durchführung beim eigenen Institut und bei Wettbewerbern.	Schwachstellen im Beratungsbereich ermitteln.	1. Baufinanzierung 2. Geldanlage 3. Kontoeröffnung
Beschwerdeanalyse	Schriftliche und mündliche Beschwerden werden systematisch analysiert, z. T. auch gezielt angeregt.	Schwachstellen und Kritikpunkte herausfinden und beseitigen.	1. Kummerkasten 2. Kundenbefragung – schriftlich – telefonisch 3. Beschwerdetelefon
Kommunikationsanalyse	Analyse der Kommunikation zwischen Kunde und Bank.	Fehlerursachen finden, Einhaltung von Leistungsstandards.	1. Briefstil verbessern 2. Verhaltensmuster am Telefon ändern
Methode der kritischen Ereignisse (critical incident technique)	Mündliche Befragung von Kunden über außergewöhnliche positive oder negative Erlebnisse.	Feststellen und Beseitigen von Schwächen, Herausfinden spezieller Stärken.	Ausgewählte Kunden werden – evtl. zielgruppenspezifisch – interviewt

Abbildung 14: Messung der Qualität

	Kurzbeschreibung	Ziele	Beispiele
Analyse von Kontoauflösungen	Gründe für Kontoauflösungen festhalten und analysieren	Ursachen für Abwanderung von Kunden herausfinden und Schwachstellen beseitigen.	1. alle Kunden 2. nach Zielgruppen differenziert
Kundenbefragungen – eindimensional	Anhand von einfachen oder sehr differenzierten Fragebogen wird von Kunden/Nichtkunden eine Qualitätsbeurteilung erhoben. Möglichkeit, über Zeitvergleiche Zufriedenheitsentwicklung festzustellen. Auch Quervergleiche zwischen Geschäftsstellen.	Feststellen von Stärken und Schwächen eines Kreditinstituts und evtl. seiner Mitbewerber. Verbesserungen bewirken.	„Ihr Urteil ist uns wichtig!" 1. pauschale Zufriedenheitsbeurteilung in 3–5 Fragen 2. Umfangreiches Interview, über Fragebogen gesteuert
Kundenbefragungen – mehrdimensional	Mehrdimensionale Ansätze zur Messung der Kundenzufriedenheit	Differenzierte Ermittlung der Kundenzufriedenheit. Möglichkeit zu exakteren Korrekturmaßnahmen.	1. FRAP-Analyse 2. Strategische Landkarte 3. Zufriedenheitsbarometer
Kundenworkshop	Diskussion mit ausgewählten Kunden über Qualitätsfragen	Herausfinden von Stärken und Schwächen, Anregungen für Verbesserungen.	Kunden einladen zu einer Diskussionsrunde mit der Bank
Mitarbeiterbefragung	Bankmitarbeiter werden befragt über Qualitätsaspekte der Bank, Betriebsklima, Arbeitsbedingungen.	Feststellen von Stärken und Schwächen. Mitarbeiter selbst einbinden.	1. Einfache oder differenzierte Befragung, möglichst anonym 2. „Das geht nicht bei uns"-Urteile ausräumen
Walking around – intern und extern	Durch möglichst viele persönliche Kontakte erleben, was Kunden und Mitarbeiter über ihre Qualitätserlebnisse aussagen.	Qualitätseindrücke ungefiltert und unverpackt aufnehmen. Auf kurzem Weg Schwächen abstellen. Lob aussprechen bei guter Qualität.	1. Kundenveranstaltungen 2. Kunden zum Essen einladen 3. Sich in der Öffentlichkeit bewegen 4. Offene Tür für alle haben
Produkterlebnis	Möglichst viele Produkte des eigenen Hauses nutzen.	Direkt erfahren, was passiert: umständliche Formulare, komplizierte Briefe überarbeiten. Gute Lösungen auf andere Anwendungen übertragen.	1. Sparverträge 2. Depot 3. Kreditkarte 4. und, und, und ...

Abbildung 14: Messung der Qualität (Forts.)

lich schwieriger wird die Qualitätsmessung, wenn die persönliche Beratungsleistung bzw. die endgültigen Beratungsergebnisse betrachtet werden sollen. Allein Absatzzahlen zugrunde zu legen, wäre zu einfach. Sie geben jedoch zumindest Hinweise auf die Qualität der Beratung.

Wenn es um die Zufriedenheit der Bankkunden geht, stehen insbesondere Befragungen hoch im Kurs. Das Spektrum reicht von Kurzfragebögen mit zwei bis fünf Fragen über umfangreiche und differenzierte Fragenkataloge bis hin zu telefonischen und persönlichen Interviews.

In diesem Zusammenhang sind auch Befragungen von Mitarbeitern von Bedeutung. Sei es zu ihren Arbeitsbedingungen, zur Zusammenarbeit oder generell zu ihrer Sichtweise der Bank und der produzierten Qualität. Interessant ist, daß die Mitarbeiter die Stärken und Schwächen ihres eigenen Instituts sehr gut erkennen. Allerdings fällt ihr Urteil teilweise deutlich schlechter aus als das der Kunden.

Aus der Vielzahl von Möglichkeiten zur Messung und Kontrolle der Qualität bei Banken seien einige der wesentlichen kurz vorgestellt (siehe Abbildungen 14).

Keines der heute bekannten Verfahren ist frei von Schwächen. Wissenschaft und Praxis arbeiten daher an einer weiteren Vervollkommnung einzelner Meßinstrumente. [1]

Bei vielen Messungen von Teilqualitäten wird implizit unterstellt, daß sich diese positiv auf die Kundenzufriedenheit auswirken. Doch tun sie es tatsächlich? Teilweise leuchten die unterstellten Wirkungsbeziehungen ein, teilweise sind die Zusammenhänge diffuser. Letztlich ist die Frage zu stellen, ob das den Kunden überhaupt interessiert. Welcher Kunde will schon wissen, ob die interne Zusammenarbeit reibungslos erfolgt und Formulare vollständig und fehlerlos ausgefüllt sind? Wen interessiert, ob die Bankmitarbeiter gut ausgebildet sind, wenn sie nicht lächeln können?

Qualitätsmessungen gehen bisher weitgehend von der Erfahrungswelt der Banken und nicht von der des Kunden aus.

„Der Kunde will nicht das, was wir meinen."

Laukamm

---

1) Vgl. hierzu etwa: Bühler (1993), S. 511 ff.

Kunden haben ihre eigenen Vorstellungen. Ihre Qualitätsaussage wird letztlich dadurch bestimmt, wie sie die vielen Augenblicke der Wahrheit in ihren Beziehungen zur Bank erleben und beurteilen.

Da die meisten Qualitätsaspekte bei Banken mit den Erfahrungen der Kunden verbunden sind, kann ohne Mitwirkung der Kunden die Qualität einer Bank nicht gemessen werden.

Die Kunden bestimmen, worauf es ankommt. Doch auch zu dieser Aussage tauchen Fragen auf. Problematisch sind z. B. Durchschnittswerte bei Ergebnissen. Was für den einen Kunden wichtig ist, ist für den anderen unbedeutend. Deshalb wird man sowohl Differenzierungen in bezug auf Kundengruppen als auch auf die verschiedenen Produkte beachten müssen.

„Eine Meinungsumfrage unter Löwen ergab: Die Mehrheit lehnt den Käfig ab, wünscht jedoch eine geregelte Verpflegung."

Ernst R. Hauschka

Ein Kunde ist keine kalte Statistik. Er ist ein Mensch aus Fleisch und Blut, mit Vorurteilen und Irrtümern behaftet. Daher ist es zweifelhaft, ob Kunden überhaupt wissen, was sie wollen und wenn sie es wissen, ob sie es richtig ausdrücken können.

Insgesamt haben alle Verfahren der Qualitätsmessung ihre Licht- und Schattenseiten. Aus dieser Überlegung heraus erscheint es sinnvoll, mehrere Methoden in einem Kreditinstitut einzusetzen, die sich gegenseitig überlagern und ergänzen.

Neben den formalen Verfahren haben persönliche Erfahrungen und Erlebnisse einen eigenen Stellenwert. Sie zeigen direkt und schonungslos, was passiert.

Nehmen Sie den Stallgeruch des Kunden war. Dies ist durch nichts zu ersetzen. [1)] Ergreifen sie alle Möglichkeiten, direkt von Kunden ungefiltert deren Meinung zu hören – und von Mitarbeitern. Qualitätsmessung „by walking around" – extern und intern – läßt sich eindrucksvoller nicht erleben.

1) Vgl. Peters/Austin (1986), S. 139 ff.

Gehen Sie hinaus:

- hinaus in den Betrieb: Halten Sie Besprechungen vor Ort ab, schauen Sie Ihren Mitarbeitern über die Schulter
- hinaus zu Kunden: Besuchen Sie Ihre Kunden zuhause, in ihrem Betrieb, treffen Sie sich mit ihnen bei Veranstaltungen.

Diese Empfehlungen sind eigentlich Selbstverständlichkeiten. Aber wie oft finden diese Selbstverständlichkeiten statt?

Kurz gefaßt

Es ist besser, wenig über die Qualität einer Bank zu wissen als gar nichts.

Es gibt eine Vielzahl unterschiedlicher Verfahren zur Qualitätsmessung.

Qualität läßt sich nicht als Ganzes erfassen, sondern wird in Teilqualitäten gemessen.

Qualitätsmessungen bei Banken beziehen sich auf

- Ressourcen
- Leistungserstellungsprozeß
- Produkteigenschaften
- Mitarbeiterzufriedenheit
- Kundenzufriedenheit.

Primär sind die Kundenzufriedenheit und alle bankinternen Sachverhalte, die diese beeinflussen.

Keines der heute angewandten Meßverfahren ist frei von Schwächen.

Daher ist es sinnvoll, mehrere Methoden einzusetzen, die sich gegenseitig ergänzen.

Neben rein formalen Verfahren haben persönliche Erfahrungen und Erlebnisse ihren eigenen Stellenwert.

5.4 Qualität rechnet sich

- Was ist falsch an der Auffassung, höhere Qualität führe unweigerlich zu höheren Kosten?
- Wie läßt sich der positive Zusammenhang zwischen Qualität und Rentabilität begründen?
- Inwiefern macht sich Qualität mengen- und preisbezogen bezahlt?
- Welche Arten von Qualitätskosten sind zu unterscheiden?
- Warum sind auch kostensenkende Effekte zu erwarten?
- Warum setzt die Frage nach den Kosten von Qualität am völlig falschen Ende an?

Wo immer Wettbewerbsfähigkeit und langfristiger Markterfolg als Ziele des Quality Banking genannt werden, ist – direkt oder indirekt – auch immer die Rede von Rentabilität. Qualität muß sich rechnen. Erst dadurch wird sie zur Basis für dauerhaften Erfolg.

Die „klassische Qualitätstheorie", nach der höhere Qualität mit höheren Kosten erkauft werden muß, gilt heute als widerlegt, zumindest aber als zu einseitig und vereinfachend. Tatsächlich sind die Zusammenhänge zwischen Qualität und Rentabilität sehr viel komplexer.

Wissenschaftliche Untersuchungen zur empirischen Erfolgsfaktorenforschung haben mehrfach die eindeutig positive Rentabilitätswirkung höherer Qualität belegt. Zu den bekanntesten und bedeutendsten Studien zählt das PIMS-Projekt (PIMS = Profit Impact of Market Strategy), in dem eine positive Korrelation zwischen überlegener Qualität und Umsatzrendite (return on investment) empirisch nachgewiesen wurde.[1] Die Untersuchungsergebnisse lassen außerdem den Schluß zu, daß der Einfluß von Qualität auf die Rentabilitätssituation eines Unternehmens im Dienstleistungsbereich signifikant höher ist als in anderen Branchen. Wohl deshalb, weil hier das subjektive Qualitätsempfinden eine größere Rolle spielt.

---

1) Vgl. Buzzle, Gale (1993), S. 93

Dieser positive Zusammenhang läßt sich mit der immer wieder bestätigten Wirkungskette begründen, wonach höhere Qualität zu höherer Kundenzufriedenheit und letztlich größerer Loyalität führt. Erklärungsansätze für Rentabilitätssteigerungen müssen dabei sowohl auf der Kosten- als auch auf der Erlösseite ansetzen.

Einigkeit besteht darüber, daß sich Zufriedenheit und Loyalität umsatz- und preisbezogen bezahlt machen. Umsatzbezogen deshalb, weil bei zufriedenen Kunden in der Regel eine höhere Bereitschaft besteht, zusätzliche Leistungen in Anspruch zu nehmen. Cross-Selling-Aktivitäten werden daher am ehesten dort auf fruchtbaren Boden fallen, wo die Einstellung des Kunden zu seiner Bank von positiven Qualitätseindrücken geprägt ist.

Warum den Kreditkartenvertrag oder die Lebensversicherung bei einem anderen Kreditinstitut abschließen, wenn man mit der eigenen Bank oder Sparkasse durchweg zufrieden ist und sich insgesamt gut aufgehoben fühlt?

„Kunden bezahlen Qualität mit etwas viel Wertvollerem als Geld: mit Treue und Sympathie."

Jacques Horovitz

Zufriedene Kunden sind aber nicht nur empfänglicher für zusätzliche Produktangebote, sie tragen über Empfehlungen wesentlich dazu bei, weitere Kunden für eine Bank zu gewinnen. Für Institute, die eine Qualitätsreputation haben, wird die Neukundenakquisition erfahrungsgemäß leichter, der damit verbundene Aufwand geringer.

Wie wertvoll Mund-zu-Mund-Propaganda ist, läßt sich an den hohen Streuverlusten der Imagewerbung in den unterschiedlichsten Medien und deren zum Teil immens hohen Kosten ermessen. Wieviele Annoncen müssen geschaltet, wieviele Rundfunkspots gesendet werden, um einen Nichtkunden auf sich aufmerksam zu machen? Wieviele Anläufe braucht der Geschäftsstellenleiter vor Ort, um auch nur die Gelegenheit zu einem Besuch zu erhalten?

Neben der Intensivierung bestehender und der Gewinnung neuer Kundenverbindungen ist höherer Qualität außerdem ein Preiseffekt zuzuschreiben. Genauer gesagt ein Preisunempfindlichkeitseffekt. Wenn der Kunde die Qualität einer Leistung als – im Vergleich zur Konkurrenz – überlegen wahrnimmt und daraus hohe Zufriedenheit erwächst, wird der Preis dieser Leistung für ihn nicht mehr im Vordergrund stehen.

Dieser Zusammenhang wird in der Volkswirtschaftslehre mit der doppelt geknickten Preis-Absatz-Funktion Gutenbergs erklärt, nach der Preisanhebungen unter bestimmten Voraussetzungen nicht zu Nachfragerückgängen führen. Sparkassen und Banken mit aktiver Qualitätspolitik eröffnet sich demnach – vergleichbar dem „monopolistischen" Preisspielraum bei Gutenberg – ein preispolitischer Spielraum, der das Abschöpfen der sogenannten Konsumentenrente möglich macht. [1)]

Damit soll nicht verkannt werden, daß für viele Kunden nach wie vor die Konditionengestaltung ausschlaggebende Bedeutung für die Institutswahl hat. Sicher kann auch bei den weniger preissensiblen Kunden die Toleranzgrenze für Preisanhebungen nicht beliebig hoch angesetzt werden. Dennoch bestätigen empirische Untersuchungen, daß ein nennenswerter Teil der Bevölkerung bereit ist, für besondere Qualität auch entsprechend höhere Preise zu bezahlen. Dann nämlich, wenn diese Leistungen aus Kundensicht ihren Preis wert sind. Hier wird auch der – gerade für die Qualitätsthematik – entscheidende Unterschied zwischen „preiswert" und „billig" deutlich.

Zufriedene Kunden

- bleiben ihrer Bank oder Sparkasse länger treu,
- sind gegenüber Abwerbungsversuchen besser abgeschottet,
- nehmen zusätzliche Leistungen in Anspruch,
- sind weniger preisempfindlich,
- empfehlen ihr Kreditinstitut weiter.

Wenn auch nur 5 % der Kunden zusätzliche Produkte in Anspruch nehmen bzw. Weiterempfehlungen aussprechen, bedeutet dies bei 100 000 Kunden: 5 000 zusätzliche Vertragsabschlüsse und 5 000 zusätzliche positive Werbekontakte.

Spätestens jetzt muß die Frage nach den zur Qualitätssteigerung nötigen Kosten gestellt werden. Zweifellos gehen mit ertragssteigernden Qualitätsverbesserungen auch höhere Kosten einher.

---

1) Vgl. Schäfer (1994), S. 56

Folgt man dem Ansatz von Stauss, so lassen sich Qualitätskosten unterscheiden in Erstellungskosten und Qualitätssicherungskosten.[1] Erstellungskosten fallen dabei zum einen für den Einsatz teurerer „Produktionsfaktoren“ an. Etwa für die Einstellung höher qualifizierter Mitarbeiter oder für Investitionen in qualitätsorientierte Personalentwicklungsmaßnahmen. Auch Umrüstungen oder Zusatzausrüstungen technischer Art fallen hierunter, z. B. bedienerfreundlichere SB-Geräte oder solche mit innovativen Funktionen.

Immer wieder taucht dabei die Frage auf, welche Investitionen in den Input tatsächlich nötig, d. h. aus Kundensicht wünschenswert und zufriedenheitsfördernd sind. Hochqualifizierte Spezialberater oder High-Tech-Geräte in allen nur denkbaren Spielarten machen keinerlei Eindruck auf Kunden, wenn deren Qualitätserwartungen bei der Abwicklung alltäglicher Bankgeschäfte enttäuscht werden.

Weitere Erstellungskosten sind mit Investitionen für effizientere Abläufe bei internen Prozessen verbunden. Dabei geht es vor allem darum, Schnittstellen zu optimieren, Liege- und damit Leerzeiten sowie Doppelarbeiten zu vermeiden und insgesamt flexiblere, unbürokratische Strukturen zu schaffen. Personal- und Sachkosten für die Durchführung von Qualitätszirkeln und ablauforganisatorischen Untersuchungen gehören hierher. Konkrete Verbesserungen für Kunden liegen z. B. in kürzeren Bearbeitungszeiten für Kreditanträge oder verständlicher und übersichtlicher gestalteten Kontoauszügen. Auf mittlere Sicht dürften sich diese Prozeßkosten über die zu erwartenden Rationalisierungseffekte amortisieren.

Zu den Qualitätssicherungskosten zählen alle Kosten, die für Maßnahmen zur Fehlerverhütung oder für Prüfvorgänge zur Feststellung von Mängeln und Schwachstellen anfallen. Lange Zeit wurden Qualitätskosten fast ausschließlich diesen Qualitätssicherungskosten gleichgesetzt. Sämtliche Aufwendungen für das Qualitätsmanagement inklusive aller Sensibilisierungsmaßnahmen und für Schulungen zur Qualitätssicherung sind hier ebenso einzuordnen wie die Kosten für Kontroll- und Testverfahren, etwas für dv-technische Prüfungen oder die Tätigkeit der Innenrevision. Auch Schaltertests zur Feststellung von Beratungsmängeln oder Kunden-

---

1) Vgl. Stauss (1992), S. 111 ff.

befragungen zur Zufriedenheitsmessung können als Qualitätssicherungsmaßnahmen angesehen werden. [1]

So notwendig diese Prüf- und Testverfahren auch sein mögen, sie allein garantieren noch keine Qualitätsleistungen. Qualitätsbemühungen müssen schon sehr viel früher ansetzen, etwa in der Phase der Produktentwicklung. Unzulänglichkeiten in der Produktausstattung können auch durch noch so ausgefeilte Abwicklungsprüfungen nicht kompensiert werden.

Trotz teilweise kostensenkender Effekte durch Prozeßoptimierungen sind mit einem aktiv betriebenen Qualitätsmanagement insgesamt sicher Kostensteigerungen verbunden. Sie müssen quasi als Vorleistung für die Qualitätsführerschaft angesehen werden.

In der Praxis häufig anzutreffende Befürchtungen, dieses „Vorpreschen“ in Sachen Qualität koste zuviel, setzen dabei allerdings am falschen Ende an. Weit gewichtiger als die Kosten für die Schaffung und Sicherung von Qualität sind nämlich jene, die durch das Nichterbringen von Qualitätsleistungen entstehen. Sie machen oftmals erschreckend deutlich, daß die Entscheidung für Qualität eigentlich keine ist. Es gibt schlicht keine Alternativen dazu.

---

1) Vgl. Stauss (1992), S. 112

Kurz gefaßt

Mit höherer Qualität sind nicht nur kostensteigernde, sondern auch kostensenkende und erlössteigernde Effekte verbunden.

Der positive Zusammenhang zwischen Qualität und Rentabilität ist empirisch nachgewiesen.

Höhere Qualität führt zu höherer Kundenzufriedenheit.

Zufriedene Kunden
- sind loyaler
- nehmen zusätzliche Leistungen in Anspruch
- sind preisunempfindlicher
- werben über Empfehlungen neue Kunden.

Um Qualitätsverbesserungen zu erzielen, müssen teurere Produktionsfaktoren eingesetzt werden.

Investitionen zur Effizienzsteigerung bei internen Prozessen zählen zu den Qualitätskosten.

Qualitätssicherungskosten fallen an für Maßnahmen zur Fehlerverhütung und zur Feststellung von Mängeln und Schwachstellen.

Überlegungen, die die Qualitätskosten in den Vordergrund stellen, setzen am völlig falschen Ende an.

5.5 Schlechte Qualität kommt teuer zu stehen

➡ Warum spielt beim Thema Qualitätsmanagement die Nichtqualität eine so große Rolle?

➡ Was ist Nichtqualität?

➡ Warum hilft die traditionelle Kostenrechnung bei der Suche nach den Kosten von Nichtqualität nicht weiter?

➡ Welchen Sachverhalt beschreibt das Fehlerfortpflanzungsgesetz?

➡ Gibt es auch ein „Zuviel" an Qualität?

➡ Warum wirkt sich Nichtqualität auf der Erlösseite so folgenschwer aus?

➡ Warum hat Nichtqualität auch in bezug auf die Mitarbeiter ihren Preis?

Die Vorstellung, Qualitätsmanagement in Kreditinstituten ziele hauptsächlich darauf ab, Gutes noch besser zu machen, verkennt die Realitäten. Tatsächlich sind es Qualitätsmängel, die den Banken und Sparkassen besonders zu schaffen machen. Die Crux dabei ist, daß ihre teilweise fatalen Auswirkungen schwer faßbar sind oder – noch schlimmer – völlig unterschätzt werden.

„Um klar zu sehen, genügt ein Wechsel der Blickrichtung."

Antoine de Saint-Exupéry

Anzusetzen ist daher nicht bei der Abschätzung der zur Qualitätssicherung oder -steigerung nötigen Kosten. Die alles entscheidende Frage muß lauten: **Was kostet Nichtqualität?**

Unter Nichtqualität sind alle Fehler und Unzulänglichkeiten im internen Leistungserstellungsprozeß oder in der direkten Kundenberatung zu verstehen. Kosten fallen dabei sowohl für das Auffinden und Beseitigen der Fehler an als auch für Folgekosten, z. B. für Kompensationszahlungen im Zusammenhang mit Kundenreklamationen.

Kleine Fehler – mit teils großen Wirkungen:

- „vergessene" Vertragsklauseln mit Folgen für die Rechtsposition des Kreditinstituts
- falsch/zu spät geschaltete Annoncen
- Doppelarbeiten in der Produktabwicklung
- Buchungsfehler im Zahlungsverkehr
- nicht rechtzeitig weitergeleitete Wertpapieraufträge
- falsche Wertpapierabrechnungen
- falsch/unvollständig ausgefüllte Vertragsformulare
- fehlerhafte Statistiken

- Druckfehler in Formularen und Prospekten
- Schreibfehler in Kundenbriefen
- Auszahlungen trotz fehlender Legitimation

Die traditionelle Kostenrechnung hilft bei der Suche nach den Kosten für Nachbearbeitungen und Fehlerbeseitigungen meist nicht weiter. Der größte Schaden entsteht wohl durch die für Korrekturen aufzuwendende zusätzlich Arbeitszeit, die im großen Block der Personalkosten „versteckt" ist. Arbeitszeit, die unnötig gebunden wird und nicht für effizientere Zwecke eingesetzt werden kann. Schätzungen zufolge beansprucht die Ausräumung von Fehlern selbst in gut organisierten Kreditinstituten ca. 15 % der Kapazitäten. [1)]

Murphy's Gesetz:

„Wir haben nie Zeit, etwas gleich richtig zu machen, aber immer Zeit, Fehler auszuräumen."

Zum Tragen kommt dabei die Tatsache, das Schwachstellen und Mängel im nachhinein oft nur mit überproportional hohem Aufwand zu beseitigen sind.

Diesen Sachverhalt beschreibt das sogenannte Fehlerfortpflanzungsgesetz, auch 1 : 10 : 100-Regel genannt. Danach verursachen Fehler, die im Laufe des internen Leistungserstellungsprozesses entdeckt werden 10-fach höhere, solche die erst durch den Kunden entdeckt und beanstandet werden, 100-fach höhere Kosten als bei von Anfang an richtiger Vorgehensweise bzw. Bearbeitung entstanden wären. [2)]

Das Erkennen potentieller Fehler bereits in der Planungsphase und die Sensibilisierung aller Mitarbeiter im Hinblick auf weitestgehende Fehlervermeidung zählen deshalb zu den dringlichen Anliegen des Qualitätsmanagements.

Exkurs: Meist wird übersehen, daß ein „Zuviel" an Qualität durchaus auch als Form von Nichtqualität gelten kann. Dann nämlich, wenn dieses sog. „overengeneering" zwar kostenintensiv, aber nicht nachfrageadäquat ist. In solchen Fällen werden (Zusatz-) Leistungen aus Kundensicht als

---

1) Vgl. Oakland (1966), S. 203
2) Vgl. Jacobi (1993), S. 138

unnötig empfunden und von daher nicht honoriert, schlimmstenfalls sogar negativ bewertet.

Dazu die (leidvolle) Erfahrung eines englischen Bankers:
Ein Kaufmann im Ruhestand, mit enormem Vermögen, der sehr zurückgezogen lebte, unterhielt sein Konto bei einer Bank, die von einem Baron geleitet wurde. Sein Guthaben bei der Bank betrug normalerweise zwischen dreißig- und vierzigtausend Pfund, und dem Baron schien es eine Verpflichtung, einen so wertvollen Kunden zum Essen in seine Villa auf dem Land einzuladen. Der Prunk des Banketts, zu dem der alte Herr widerwillig erschien, bewegte ihn, sich beim Kommen bei seinem Gastgeber für die Umstände zu entschuldigen. Der Baron erwiderte, ganz im Gegenteil, er müsse sich für die Freiheit entschuldigen seinen Gast zu einem Familienessen gebeten zu haben. Es geschah nichts weiter, nur am nächsten Morgen hob der Kunde sein gesamtes Guthaben von der Bank ab.

(Hunt's Merchants Magazine, Nov. 1843)

Die bedeutsamsten Rentabilitätseinbußen sind aber – darüber ist man sich heute weitgehend einig – nicht auf der Kosten-, sondern auf der Erlösseite zu suchen. [1] Es handelt sich dabei um entgangene Erlöse wegen qualitätsbedingt abwandernder Kunden bzw. nicht zustandekommender Abschlüsse mit bisherigen oder potentiellen Kunden. Da mit diesen „Opportunitätskosten von Nichtqualität" keine direkten Ausgaben verbunden sind, schlagen sie sich in der Kostenrechnung nicht nieder.

Um eine Vorstellung von der Größenordnung solcher Opportunitätskosten zu bekommen, genügt eine einfache Rechnung. Zugrundezulegen sind Erkenntnisse über Abwanderungsquoten sowie über durchschnittliche kundengruppenspezifische Deckungsbeiträge.

Annahmen:
- 100 000 Kunden
- jährl. Abwanderungsquote wegen Qualitätsmängeln: 5 %
- durchschnittlicher Deckungsbeitrag pro Jahr (ohne Differenzierung nach Kundengruppen): 500 DM

➡ Entgangener Deckungsbeitrag pro Jahr:
5 000 (5 % v. 100 000) × 500 DM = 2,5 Mio DM.

---

1) Vgl. Stauss (1992), S. 114 ff. und Schäfer (1994), S. 58

Berücksichtigt man dabei, daß die Akquisitions- und Verwaltungskosten am Anfang einer Geschäftsbeziehung besonders hoch sind, und die Umsätze und Erträge oft erst in späteren Jahren steigen[1], müßte der ermittelte Wert sogar noch nach oben korrigiert werden.

Untersuchungen zufolge ließen sich die Unternehmensgewinne bei einer Reduzierung der Abwanderungsraten um 5 % je nach Branche um 25 bis 85 Prozent steigern. [2] Eine ähnliche Rechnung könnte auch für nicht zustandekommende Akquisitionen aufgrund negativer Mund-zu-Mund-Propaganda aufgemacht werden.

Last but not least sind auch die Auswirkungen von Nichtqualität auf die Mitarbeiter ins Kostenkalkül einzubeziehen. Ärger und Frustration wegen nicht funktionierender interner Abläufe oder unzufriedener Kunden können zu höherer Fluktuation und entsprechenden Folgekosten für die Gewinnung und Einarbeitung neuer Mitarbeiter führen.

Bei aller Vereinfachung sind es insgesamt aufrüttelnde Zahlen, die die unbedingte Notwendigkeit einer auf kontinuierliche Verbesserungen ausgerichteten Qualitätspolitik aufzeigen. Wenn diese mit Augenmaß betrieben wird, sind die erlössteigernden und kostensenkenden Effekte weit größer als die zusätzlichen Kosten.

---

1) Vgl. Stauss (1992), S. 114
2) Vgl. Reichheld/Sasser (1991), S. 105 ff.

Kurz gefaßt

Nichtqualität stellt Banken und Sparkassen vor die größten Qualitätsprobleme.

Auch Folgekosten, z. B. Ausgleichszahlungen bei Reklamationen, zählen zu den Kosten der Nichtqualität.

Fehler sind im nachhinein nur mit überproportional hohem Aufwand auszuräumen.

Die fatalsten Folgen hat schlechte Qualität vermutlich auf der Erlösseite.

Erlöse entgehen, weil
- unzufriedene Kunden abwandern
- aufgrund negativer Mund-zu-Mund-Propaganda keine Neuabschlüsse zustandekommen.

Rentabilitätseinbußen sind auch mit (nicht-)qualitätsbedingten Abwanderungen unzufriedener Mitarbeiter verbunden.

5.6 Verkaufe die Qualität, nicht den Preis

➡ Welche anderen Kriterien neben dem Preis beeinflussen eine Kaufentscheidung?

➡ Wird im Bankgewerbe der Preis oder die Leistung verkauft?

➡ Sind Bankleistungen identisch oder wodurch unterscheiden sie sich?

➡ Wodurch sind höhere Preise begründet?

Warum gehen Leute in eine schicke Parfümerie, um dort einzukaufen, obwohl sie das gleiche Parfüm billiger im Kaufhaus erhalten können? Warum kaufen dieselben Leute sehr preisbewußt bei Aldi und ohne groß auf den Preis zu achten im exklusiven Fachgeschäft? Das heißt doch eindeutig, daß der Preis nicht das einzige Kaufkriterium ist. Es müssen also noch andere Faktoren eine Rolle spielen.

Im Bankgewerbe gibt es die weitverbreitete Meinung, Bankleistungen seien nur über den Preis zu verkaufen. Das ist teilweise richtig, aber eben nur teilweise: Wer 1 Mio DM Festgeld anzulegen hat, wird vergleichen und um den Zinssatz handeln. Hier geht es um eine einfache, klare Bankleistung, bei der der Preis das entscheidende Merkmal darstellt. 6 % bei der X-Bank unterscheiden sich durch nichts von den 6 % bei der Sparkasse.

„Menschenkenner haben immer gewußt,
daß man den Leuten eine teure Sache
leichter verkaufen kann als ein billige."

William Somerset Maugham

Deswegen wird in diesem Fall nicht die Leistung verkauft, sondern der Preis. Dies tritt immer dann ein, wenn Bankleistungen absolut miteinander vergleichbar sind. Und im Kreditgewerbe vertreten viele die Ansicht, weitgehend alle Bankleistungen seien identisch. Girokonto sei gleich Girokonto. Festgeld sei gleich Festgeld, Kredit sei gleich Kredit.

Aber war die Entscheidung, diese Million als Festgeld anzulegen, überhaupt richtig? Bei dieser Vorfrage kann sich schon die Spreu vom Weizen trennen. Hierbei zeigt sich unter Umständen weit mehr als bei der absoluten Zinshöhe, ob diese oder jene Bank besser ist.

Noch deutlicher, wie vordergründig und wie relativ ein Preis sein kann, wird es etwa bei einer Baufinanzierung, einer umfassenden Investitionsfinanzierung oder bei langfristigen Vorsorgeüberlegungen.

Damit sind insbesondere Beratungskompetenz und Produkteigenschaften angesprochen. Darüber hinaus zählen eigene Stärken wie besonderer Service, Höflichkeit, Freundlichkeit, Initiative, Zuverlässigkeit, Nähe zum Kunden durch Geschäftsstellen und technische Serviceeinrichtungen – alles Qualitätsfaktoren. Für die Bank oder Sparkasse, welche in der Lage ist, sich und ihre Leistungen in bezug auf Qualität klar von der Konkurrenz abzugrenzen, spielt der Preis nicht mehr die alles entscheidende Rolle.

Der Kunde ist bereit, für die besondere Qualität auch einen höheren Preis zu bezahlen. Das bedeutet, daß Banken und Sparkassen darüber nachdenken müssen, wo sie welche Unterschiede herausarbeiten können. Wer das tut, was alle tun, muß den Preis senken. Wer Individualität und besonderen Service bietet, kann selbstverständlich auch höhere Preise verlangen.

Dies gilt besonders vor dem Hintergrund immer häufigerer Preisvergleiche in den Medien. Daß Bankkunden immer kritischer und preisbewußter werden, ist offensichtlich. Dagegen ist auch nichts einzuwenden. Es ist jedermanns Recht, günstig einzukaufen.

Allerdings muß der Bank- oder Sparkassenmitarbeiter lernen, den Preis als selbstverständlichen Teil seines Angebotes selbstbewußt darzustellen. Doch der Preis darf nicht im Vordergrund stehen.

Nicht der Preis ist das Wichtigste, sondern das Angebot, die Leistung. Individualität, besondere Facetten und Qualität müssen herausgestellt werden. Voraussetzung ist, daß die Mitarbeiter auch überzeugt sind von der eigenen Leistungsqualität und die Unterschiede zur Konkurrenz kennen.

Kurz gefaßt

Der Preis ist beim Kauf von Waren nicht das einzige Kaufkriterium.

Im Kreditgewerbe herrscht die Meinung vor, daß Bankleistungen weitgehend identisch sind und sich daher nur über den Preis verkaufen lassen.

Doch auch Bankleistungen können sich über Qualitätsfaktoren stark von Konkurrenzangeboten abheben.

Der Bank- oder Sparkassenkunde ist bereit, für besondere Qualität einen höheren Preis zu bezahlen.

Der Preis ist selbstverständlicher Teil der Bankleistung, doch nicht der wichtigste.

Kapitel 6

Der Griff zu den Sternen

„Wer keine Vision hat,
vermag weder große Hoffnungen
zu erfüllen,
noch große Vorhaben zu verwirklichen.“

Thomas Woodrow Wilson

Total Quality Banking: das Wichtigste – kurz gefaßt

- Visionäre Führung
- Absolute Kundenorientierung
- Radikal einfach werden
- Ständige Verbesserungen
- revolutionäre Änderungen
- Vom Mitarbeiter zum Mitunternehmer
- Kraft durch Vorbilder und Sinngebung
- Mit zu Handeln
- Ausdauer und Konsequenz

Der Griff zu den Sternen

Das Außergewöhnliche und Verblüffende an der Qualitätshaltung ist, daß alles pure Selbstverständlichkeiten sind. Das macht es vielleicht auch so schwer, Qualität umzusetzen. Selbstverständliches erscheint verdächtig, gesunder Menschenverstand wird geächtet. Geschätzt sind eher wohlklingende Theorien und hochtrabende Konzeptionen. Das Einfache klingt banal, das Komplizierte wird kultiviert. Offensichtlich ist das Selbstverständliche gar nicht so selbstverständlich. [1])

Obwohl unser Total Quality Banking-Konzept mit der Betonung des Selbstverständlichen eine starke Bodenhaftung hat, gleicht es doch dem Griff nach den Sternen: Zum Greifen nah und doch unerreichbar fern. Quality Banking heißt, in großen Dimensionen denken und kleine Taten vollbringen. Wer die Strategie außer acht läßt und einfach drauflos stürmt, begeht immer einen Fehler. Wer Korrekturen nur im Detail vornimmt,

15) Vgl. Peters, Austin (1986), S. 25

verzichtet auf die Kraft revolutionärer Neuerungen. Beides ist erforderlich. Wenig Großes und viel Kleines.

Zwischen beiden, der Gesamtunternehmensstrategie und den vielen Einzelmaßnahmen treten Widersprüche auf. Wo wird zuviel gemacht, wo zu wenig? Welche Aktion fördert das Ganze, welche behindert? Daraus entstehen Konflikte, die positiv gehandhabt neues Kreativitätspotential freisetzen.

Qualität entsteht, wenn Mut und Geduld, Pioniergeist und Zähigkeit, hochgesteckte Ziele und realer Pragmatismus zusammentreffen.

Totales Quality Banking ist ein umfassendes, weitreichendes und kräftezehrendes Unterfangen, das von einer Änderung der gesamten Unternehmenskultur begleitet werden muß.

Getragen wird Qualität durch eine kraftvolle Vision, die alle leidenschaftlich mitreißt, begeistert und verbal überzeugt. Es muß gelingen, die Mitarbeiter zu Fans, zu Missionaren für Qualität zu machen. Nicht weil es andere wollen, sondern weil es jeder einzelne selbst will. Jede Führungskraft, jeder Mitarbeiter sollte sich aus eigenem Antrieb verantwortlich fühlen für Qualität und sie in seinem Bereich entschlossen umsetzen. Ohne Wenn und Aber.

Es muß gelingen, auch den Kunden diese Vision durch klare und profilierte Unternehmensidentität und -darstellung zu vermitteln. Jeder Mitarbeiter ist ein Botschafter der neuen Qualitätsidee: Das Wichtigste für uns ist unser Kunde! Die Kunden müssen die neue Kultur spüren können: Die Nähe zum Kunden, das Vertrauen, die Einzigartigkeit, die Liebe zur Leistung, die Begeisterung.

Die Qualitätskultur wird durch die tägliche Arbeit, durch immer wieder neue Aktionen und Ideen vermittelt. Eine Welle von Botschaften unterschiedlichster Form muß die ganze Sparkasse oder Bank durchziehen. Videos, Diagramme, Poster, Notizen, Hinweise, Reden, Aufrufe, Geschichten. Informationen, die motivieren, Qualitätsmaßstäbe, die anstecken.

Daß der Vorstand als erster voranmaschieren muß, ist eine dieser Selbstverständlichkeiten, von der das Quality Banking getragen wird: „Ich bin der erste Diener meines Hauses." Er ist Vorbild und Vorkämpfer, Missionar und Botschafter der Qualität. Aufgabe des Vorstandes ist es, ein Klima der Freude, der Aufgeschlossenheit, des Engagements und der Begeisterung zu schaffen.

Qualität bedeutet Fürsorge, Passion, Konsequenz, Kraft, Entschlossenheit. Und Sinn. Wo Menschen Sinn erfahren, sind sie mit dem Herzen dabei. Dann besteht auch die Bereitschaft, zusätzliche Kräfte zu mobilisieren.

„Man kann Menschen nichts lehren.
Man kann ihnen nur helfen,
es in sich selbst zu entdecken."

Galilei

Quality Banking ist eine unendliche Geschichte. Selbst wenn wir sofort beginnen, nach den Sternen der Qualität zu greifen – wir werden nie damit fertig. Das darf jedoch nicht dazu führen, mutlos zu werden und die Hände in den Schloß zu legen.

Wir müssen uns auf diesen Weg begeben, wenn wir uns der Qualität verschrieben haben. Es lohnt sich. „Wer bedingungslos an Qualität glaubt und im Unternehmensalltag immer absolut integer handelt, wird sehen, daß sich der Erfolg (Marktanteil, Wachstum, Gewinne) von selbst einstellt." [1)]

Banken und Sparkassen werden auch in Zukunft – weit ins nächste Jahrtausend hinein – erfolgreich sein, wenn sie Qualität bedingungslos verfolgen und mit Dynamik, Entschlossenheit, Überzeugung und Leidenschaft umsetzen.

Wir wünschen dazu viel Glück und noch mehr Mut.

---

1) Vgl. Peters, Austin (1986)

Denkanstöße

Nimm dir Zeit, um zu arbeiten, es ist der Preis des Erfolges.
Nimm dir Zeit, um nachzudenken, es ist die Quelle der Kraft.
Nimm dir Zeit, um zu spielen, es ist das Geheimnis der Jugend.
Nimm dir Zeit, um zu lesen, es ist die Grundlage des Wissens.
Nimm dir Zeit, um freundlich zu sein, es ist das Tor zum Glücklichsein.
Nimm dir Zeit, um zu träumen, es ist der Weg zu den Sternen.
Nimm dir Zeit, um zu lieben, es ist die wahre Lebensfreude.
Nimm dir Zeit, um froh zu sein, es ist die Musik der Seele.

(Aus dem Irischen)

„Nimm dir Zeit, um zu führen, es ist der Motor deines Erfolges." [17)]

1) Haschke, Karlowski, Walter (1989), S. 203

Literaturverzeichnis

Adam Klaus G.; Kundenansprüche im Wandel – Qualität im Bankgeschäft, in: FAZ Beilage Qualitätsmanagement, Nr. 237, 12.10.1992, S. B 6

Antonoff, Roman; Leitbild, in: Blick durch die Wirtschaft, 11.3.1987

Badischer Sparkassen- und Giroverband; Die Zufriedenheit der Privatkunden mit den Geldinstituten, Ergebnisse des Deutschen Kundenbarometers 1993, Rundschreiben Nr. 60, 1994

Biallo, Horst; Fünfmal so teuer, in: Wirtschaftswoche, Heft 16, 1993, S. 40–41

Bierer, Hermann Fassbender, Heino, Rüdel, Thomas; Auf dem Weg zur „schlanken Bank", in: Die Bank, heft 9, 1992, S. 500–506

Blickle, Gerhard; Qualitätszirkel vor einer Renaissance in den neunziger Jahren? 20 Jahre Verbreitung in Deutschland, in: Blick durch die Wirtschaft, Nr. 194, 7.10.1992

Breitschuh, Axel; Marktorientierte Schrift- und Sprachkultur als Wettbewerbsvorteil, in: Bankinformation, Heft 8, 1993, S. 37 f

Brunner, Wolfgang L.; Beratungsqualität ist Schlüsselfaktor im Total Quality Management. in Die Bank, Heft 8, 1993, S. 447–452

Bühler, Wilhelm; (a) Total Quality Management, in: Kreditwesen, Heft 3, 1993, S. 112

Bühler, Wilhelm; (b) Kundenzufriedenheit im Privatgeschäft, in: Die Bank, Heft 9, 1993, S. 511–519

Burns, T., Stalker, G. M.; The Management of Innovation, 2. Aufl., London 1966

Buttler, Friedrich; Mehr Indianer und weniger Häuptlinge, in: Betriebswirtschaftliche Blätter, Heft 8, 1992, S. 436–439

Buzzle, Robert D., Gale, Bradley T.; Das PIMS-Programm, Wiesbaden 1989

Capital; Das deutsche Wirtschaftsmagazin, Heft 4, 1994

Daum, Wolfgang, Scholl, Stephan; Welche Kompetenz muß ein Zweigstellenleiter haben? , in: bank und markt, Heft 3, 1993, S. 16–18

Davidow, William H.; Service Total, Mit perfektem Dienst am Kunden die Konkurrenz schlagen, Frankfurt 1991

Drewes, Winfried; Qualitätsmanagement in Kreditinstituten, in: Zeitschrift für Betriebswirtschaft, Heft 9, 1992, S. 937–956

Drewes, Winfried, Klee, Jürgen; Aktives Beschwerdemanagement in Kreditinstituten, in: Sparkasse, Heft 1, 1994, S. 42–46

Emery, F. E., Trist. E. L.; The Causal Texture of Organizational Environments, in: Human Relations, 1965, S. 21–32

Engelhardt, Werner H., Schütz, Peter; Total Quality Management, in: WiSt, Heft 8, 1991, S. 394–399

Finanztest, Stiftung Warentest, Heft 2, 1994

Fuchs, Jürgen; Unternehmen als Organismen, Management der Unternehmensevolution, Wiesbaden 1992

Gaugler, Heinz; Qualität/Unterschiedliche Definitionen meinen dasselbe, Oft unklare Regelungen über die Schnittstellen, in: Handelsblatt Nr. 194, 7.10.1993, S. 33

Geschwill, Jutta; Qualitätszirkel – verschenkte Potentiale, in: Die Bank, Heft 11, 1988, S. 633–638

Geyer, Günther; Kundenorientierte Geschäftsbriefe, Die Visitenkarte eines Kreditinstituts, in: bankkaufmann, Heft 11, 1987, S. 41–44

Geyer, Günther (a); Beschwerden richtig behandeln, in: bankkaufmann, Heft 2, 1988, S. 19–24

Geyer, Günther (b); Der Name – Schlüssel zum Kunden, in: bankkaufmann, Heft 8, 1988, S. 31–33

Goldmann, Heinz M.; Wie man Kunden gewinnt, Berlin 1984

Hanfland, Ulrich, Schmitz, Gerhard; Einsatzmöglichkeiten von Verfahren der Qualitätskontrolle in der Praxis deutscher Kreditinstitute, Workshop 2. Seminar, „Qualitätsmanagement in Kreditinstituten“, Frankfurt 1993

Haschke, Matthias, Karlowski, Günther, Walter, Peter; Fachwissen Mitarbeiterführung, Anregungen für die Führungspraxis bei Mitarbeitern im Marktbereich, Stuttgart 1989

Heitmüller, Hans-Michael; Neue Strukturen schaffen Basis für künftigen Erfolg, in: Betriebswirtschaftliche Blätter, Heft 5, 1993, S. 207–209

Höhler, Gertrud; Spielregeln für Sieger, Düsseldorf 1992

Hohnecker, Martin; Ein König ohne Thron, Der Nachfrager, in: Stuttgarter Zeitung, Nr. 257, 1994

Ishikawa, Kaoru; Qualität und Qualitätsmanagement in Japan, in: Qualitätsmanagement – ein Erfolgspotential, Probst, Gilbert J. B. (Hrsg.), Bern 1983, S. 85–93

Jacobi, Jens-Martin; Qualität im Wandel, Stuttgart 1993

Juran, Joseph M.; Handbuch der Qualitätsplanung, Landesberg/Lech 1991

Kieser, Alfred; Wichtiger als ein Modell ist die kreative Denkarbeit, in: Handelsblatt, 1.3.1991 S. D 6

Koch, Hayo; Raus an die Front, in: manager magazin, Heft 11, 1992, S. 274–276

Körner, Martin; Unternehmenskultur, Unternehmensidentität und Unternehmensphilosophie – Versuch einer Systematisierung, in: Sparkasse, Heft 6, 1988, S. 251–256

Kommer, Gerd; Total Quality Management bei Banken, in: Die Bank, Heft 3, 1993, S. 140–143

Kunze, Christian; Kostenblöcke haben keinen Ewigkeitswert, in: Betriebswirtschaftliche Blätter, Heft 12, 1993, S. 583–588

Leicher, Rolf Worüber sich Ihre Kunden ärgern, in: Bank Magazin, Heft 6, 1993, S. 38–51

Masing, Walter; Vierzig Jahre erfolgreicher Einsatz für den Ruf des „Made in Germany“, in FAZ-Verlagsbeilage Qualitätsmanagement, Nr. 237, 12.10.1992, S. B 1

Müller, Herbert; Die Organisationsstruktur des Bankbetriebes, München 1979

Müller, Herbert, Guigas, Susanne; Qualitätsstrategie – Mehr als eine Modetorheit, in: Betriebswirtschaftliche Blätter, Heft 11, 1993, S. 553–558

Oakland, John S.; Systematic Quality Management in Banking in: The Service Industries Journal, Vol. 6, No. 2, S. 193–204

Ohoven, Mario; Die Magie des Power-Sellers, Landsberg/Lech 1992

ohne Verfasser; 10 Erfolgsideen für ihre Kundenbetreuung, in: GWI-Sonderdienst für die Leser des Beratungsbriefs Service-Aktuell, München 1989

ohne Verfasser; Die Effizienz deutscher Institute hinkt hinterher, in: Handelsblatt, 24.01.1994

Peters, Thomas J., Ausstin, Nancy; Leistung aus Leidenschaft, „A Passion for Excellence" über Management und Führung, Hamburg 1986.

Peters, Thomas J., Watermann jr., Robert H.; Auf der Suche nach Spitzenleistungen, Was man von den bestgeführten US-Unternehmen lernen kann, Landsberg/Lech 1983

Popcorn, Faith; Der Popcorn Report, Trends für die Zukunft, München 1992

Raab, Hans-Jürgen; Kundenbindung im Finanzdienstleistungsgeschäft – Qualitätssicherung am Beispiel V. A. G. Bank, in: bank und markt, Heft 10, 1992, S. 16–18

Reichheld, Frederick, F., Sasser, W. Earl; Zero.Defections: Quality Comes to Services, in: Harvard Business Review, Vol. 68, September/Oktober 1990, S. 105–111

Schäfer, Henry; Informationen als zentraler Bestandteil der Qualität von Bankdienstleistungen, in: Sparkasse, Heft 2, 1994, S. 56

Schmid, Daniel Ch.; Qualitätsmanagement in Banken – Utopie oder Strategie?, in: bank und markt, Heft 5, 1992, S. 28–31

Schmid, Daniel Ch.; Zum Management der Servicequalität in Banken, in: bank und markt, Heft 7, 1993, S. 17–18

Schmid, Daniel Ch. Peill, Eberhard; Beschwerdemanagement gehört zum Service, in: Die Bank, Heft 4, 1994, S. 225–228

Stauss, Bernd; Dienstleistungsqualität contra Konstensenkung?, in: Betriebswirtschaftliche Blätter, Heft 4, 1992, S. 111–116

Stauss, Bernd, Hentschel, Bert; Dienstleistungsqualität in: WiSt, Heft 5, 1991, S 238–244

Sturm, Susanne; Bei Anruf Tausch, in: manager magazin, Heft 7, 1991, S. 128–133

Volk, Hartmut; Telefonieren leicht gemacht: mit Manieren!, in: Betriebswirtschaftliche Blätter, Heft 4, 1993, S. 201–203

Weigle, Gerhard; Wie führt man in der Arbeitswelt von morgen?, in: Betriebswirtschaftliche Blätter, Heft 2, 1992, S. 117–118

Wicher, Hans; Qualitätszirkel, in: WiSt, Heft 7, 1987, S. 333–337

Zimmerer, Carl; Wir Wirtschaftswunderknaben sind älter geworden, Herford 1987

Zink, Klaus J.; Qualität als Herausforderung in: Qualität als Managementaufgabe – Total quality management, Zink Klaus J. (Hrsg.) Landsberg/Lech 1989, S. 9–46

FSC
www.fsc.org
MIX
Papier | Fördert
gute Waldnutzung
FSC® C083411

Kolibri 360 GmbH
Ferdinand-Jühlke-Straße 7
99095 Erfurt, Deutschland
produktsicherheit@kolibri360.de